SIMPATIAS IMANTADAS DOS ORIXÁS

OGAN LEVINDO

- Como combater mau-olhado
- Como engravidar
- Como segurar seu amor...

e muitas outras mais!

2ª edição
2ª reimpressão

Rio de Janeiro
2009

Copyright©1991
José Levindo Sobrinho

Produção editorial
Pallas Editora

Capa e ilustrações
Renato Martins

Diagramação / Arte final
José Geraldo O. Lacerda

Composição
Cid Barros

Todos os direitos reservados à Pallas Editora e Distribuidora Ltda. É vetada a reprodução por qualquer meio mecânico, eletrônico, xerográfico etc., sem a permissão por escrito da editora, de parte ou totalidade do material escrito.

CIP-BRASIL. CATALOGAÇÃO-NA-FONTE.
SINDICATO NACIONAL DOS EDITORES DE LIVROS, RJ.

L645s
2ª ed.
2ª reimp.

Levindo de Logun-Edé, Ogan.
Simpatias imantadas dos orixás / Ogan Levindo de Logun-Edé [capa e ilustrações Renato Martins]. Rio de Janeiro: Pallas, 2009.

116p.: il.

ISBN 978-85-347-0138-9

I. Superstição. I. Título.

96-0104

CDD 398.41
CDU 398.3

Pallas Editora e Distribuidora Ltda.
Rua Frederico de Albuquerque, 56 – Higienópolis
CEP 21050-840 – Rio de Janeiro – RJ
Tel./fax: 55 21 2270-0186
www.pallaseditora.com.br
pallas@pallaseditora.com.br

Dedico este trabalho à minha esposa e companheira Ekedy Mona D'Oxum, pela sua calma e compreensão com o filho de Logum-Edé mais agitado que já vi! Também aos meus filhos: vocês são o motivo do meu viver.

    A meu Pai,
    Logum-Edé, o
      meu Kolofé.
    À minha mãe,
    Oyá Mesán Orum(Yansan)
    rogando-lhes sempre a proteção.

Ogan Levindo de Logum-Edé

O autor no ato de elaboração de suas simpatias imantadas.

SUMÁRIO

Prefácio 9/10
Apresentação 11/13
Amansar companheiro violento 15/17
Neutralizar inimigos declarados 19/21
Despachar quem cola no pé 23/25
Conseguir amarração 27/29
Melhorar o movimento da loja 31/33
Evitar enjôos durante a gravidez 35/37
Arrumar um "caso" 39/41
Mulher idosa arrumar marido 43/45
Acabar com o vício de beber 47/49
Tirar frigidez feminina 51/53
Eliminar o odor das axilas 55/57
Acabar com cólicas menstruais 59/61
Tirar o vício de fumar 63/65
Acabar com a insônia 67/69
Combater a timidez 71/73
Evitar o mau-olhado 75/77
Não fazer xixi na cama 79/81
Evitar queda de cabelos 83/85
Acabar com roncos noturnos 87/89
Conseguir um lar feliz 91/93
Para engravidar 95/97
Curar frieiras nos pés 99/101
Conseguir bom casamento 103/105
Segurar pessoa amada 107/109
Seios menores e rígidos 111/113

PREFÁCIO

Simpatias Imantadas dos Orixás é um trabalho de muita pesquisa, de muito suor e de horas de sono perdidas. Quem conhece o Ogan Levindo, de Logun-Edé, sabe o quanto ele luta por uma espiritualidade sadia, sem as famosas "invenções".

Simpatias Imantadas dos Orixás não tem estas "invenções" e muito menos "cópias"; as simpatias imantadas aqui contidas, realmente, eu nunca as vi em revistas especializadas ou qualquer outra forma de publicação.

Simpatias Imantadas dos Orixás é livro destinado a ser um marco na história do curandeirismo invisível e com forças astrais muito grandes.

Sei o quanto é difícil tratar de coisas sérias, o quanto é difícil fazer um trabalho sério. E Ogan Levindo é uma das pessoas mais sérias que já conheci dentro dos cultos afro-brasileiros. Após tê-lo conhecido, passou a fazer parte do meu cotidiano visitá-lo, para as minhas caminhadas pela vida; hoje sem sombra de dúvidas e sem medo de errar, fiz do Ogan Levindo de Logun-Edé, o meu guru. Assim é que o chamo. Lendo os originais deste livro, tive a impressão de que muitas tormentas e problemas que atualmente atingem o povo brasileiro seriam riscados do nosso cotidiano caso fossem aplicados alguns dos ensinamentos contidos neste precioso trabalho, livro do qual me honra fazer a apresentação.

Carlos Drummond de Andrade certo dia escreveu: "É preciso (...) reinventar nagôs e latinos"... Eu, por exemplo: sou latino-americano e, em outras épocas, creio que também tenha sido negro! Mas, vamos lá! É necessário ter muita dedicação para chegarmos a um conceito místico com tamanha elevação como Ogan Levindo chegou. Portanto, recomendo a obra agora editada pela **Pallas** *a todas as pessoas, sem distinção de credo, cor ou religião, pois* **Simpatias Imantadas dos Orixás** *é livro do povo, feito para você, que acredita nas boas coisas que a gente faz!*

Eu sei o quanto a gente se torna criticado quando passa a ocupar um espaço; e, quando alguém acha que tem direitos sobre ele, a coisa se torna mais séria e o dito popular acaba entrando em voga: pois "quem se atreve a praticar o bem e a caridade deve ter coragem para suportar a ingratidão".

Carlos Dario Potiguara
Vitória — Espírito Santo, 1991

APRESENTAÇÃO

Simpatias... como você vê hoje em dia tantas pessoas falarem sobre simpatia! Será que estas pessoas sabem como se prepara uma simpatia? Procure prestar atenção nos programas de rádio; é raríssimo o locutor que não repassa uma ou duas por dia no seu programa; sabem o que eles alegam? "Dá ibope"... e dá mesmo, eles não estão mentindo não! Só que são umas coisas tão sem sal, que os ouvintes nem pedem para repetir. Agora, vocês já ouviram falar que um Pai de Santo ligado aos preceitos dos cultos afros pensasse em preparar simpatia? Acho, e até posso afirmar que não! Pois bem, não sou um Pai de Santo e sim um Ogan de Candomblé dos Cultos Afro-Nagô, criado e preparado para ser um serventuário dos orixás, em Niterói, Estado do Rio de Janeiro, onde dirijo com dedicação total uma instituição sem fins lucrativos denominada — S'CEABRA — Sociedade Cultural de Estudos das Seitas Africanistas no Brasil.

E é com muito boa vontade que estou levando às suas mãos este pequeno compêndio de receitas-simpáticas, que são imantadas por minha mãe Iansã e sua mensageira Legba Iku Girá, a popular Padilha. Posso garantir que vocês jamais viram estes trabalhos escritos em revistas especializadas. Talvez uma ou outra simpatia eu as tenha repassado em algum programa de rádio, no qual fiz eventual visita, mesmo assim, são simpatias exclusivas e, possivelmente, você não obteve algum resultado.

Este compêndio, pequena amostra, é resultado de anos de pesquisas entre o Rio de Janeiro, São Paulo e o Espírito Santo, onde tenho "residência móvel", digo móvel porque paro muito pouco em casa, sempre lendo muito e pesquisando por este Brasil de Olorum, buscando alguma coisa a mais para amenizar os sofrimentos alheios.

As bases para preparar estas simpatias imantadas foram as consultas espirituais dadas por mim através dos Caurys, pois sou um dos lançadores dos Merindyn-Deloguns no Brasil, e quando os(as) meus(minhas) consulentes me pedem, procuro consultar os Caurys para a solução dos seus problemas, e para estas pessoas tem dado certo; espero, assim, que também para vocês elas venham surtir os melhores efeitos.

Simpatia quando feita com amor, com carinho, é coisa séria, portanto, se você for aplicar alguma dessas simpatias, faça com amor, com muita vontade pelo seu desejo; não faça simplesmente por ser mais uma tentativa; e se não der certo agora, não digam: "Eu não procuro mais nada! Eu não quero saber de religião! Nada mais para mim dá certo!" Tenha sempre na consciência que você carrega um carma, uma coisa que só você poderá suportar. Cabe a nós, praticantes dos cultos afros, preparar para vocês um alento para aliviar um pouco os seus carmas.

Certamente você já ouviu de alguém, ou já tenha acontecido com você mesmo, ir a um Centro Espírita e ali ficarem os seus anéis, os seus cordões de ouro e muitas vezes até dinheiro alto! Há também uma explicação para tudo isso: você, por ser matéria, tem as suas prioridades, tem os famosos "desejos da carne", tem o lado telúrico e euróbico; você sente necessidade de alguma coisa boa do seu lado, e acaba nas mãos de famosos "marmoteiros", que sem escrúpulos retiram até o último centavo que você tem! Mas tenho certeza de que se você procurar uma Casa de Culto de origem Nagô, certamente estará em boas mãos, porque toda Casa que carrega o símbolo da Bandeira Branca é uma casa sadia, cheia de amor e cheia de Axé! Não estou com isso desfazendo das outras nações; tem muita gente boa por aí! Posso até citar algumas: em Brasília, Tata Fomutinho de Iansã (Jeje); em São Paulo, Mãe Jandira de Xangô (Angola); no Rio de Janeiro, o Prof. Fernandes Portugal de Xangô (Ijesá); no Espírito Santo!. . . no Espírito Santo a coisa é mais séria do que se possa pensar. Mas depois de marchas e contra-marchas encontrei uma Casa que tem raiz, digna de credibilidade: o Ilê Tory Axé Oxalufan, dirigida pelo Ebomy Alá-Jeby (Angola? e Keto?). Agora, se os órgãos que dirigem as seitas no Estado não tomarem providência, certamente aquilo vai virar um "covil de marmoteiros". Bahia!. . . Bahia é tradição, é berço de todas as nações; não quero traçar parâmetros com as Casas de Culto dos outros Estados, mas tem uma que sempre que posso, lá me faço chegar: a Casa do sr. Ogum Ladê, dirigida pelo Babalorixá Luiz da Muriçoca. Existem outras boas Casas na Bahia, mas há também "marmoteiros" que faz pena!...

O Culto afro no Brasil está deixando muito a desejar; a Constituição da República Federativa do Brasil dá liberdade de Culto. Hoje o cidadão pode ir a uma praça pública e falar abertamente sobre religião, pregar e expor as suas idéias, mas tudo tem um limite.

Tem pessoas com boas intenções e que nunca passaram por um Roncó de Santo, pessoas que pesquisam as nossas raízes em busca dos vários segmentos da Cultura Negra e acabam não encontrando no nosso meio o objetivo de suas pesquisas. Daí se formam na cabeça dessas pessoas dúvidas e descredibilidade pelas coisas sagradas dos cultos aos orixás. Eu, por exemplo, estou deixando de fazer visitas rotineiras de fins de semana às Casas de Culto de vários Estados, pois é só decepção! Eu não sou um perfeito conhecedor de nossas raízes, mas o que se vê por aí é de arrepiar. Aqueles que vêm de fora para nos visitar e querem levar daqui uma boa impressão, acabam levando o exemplo de como não se deve praticar o culto aos orixás. Você sabia que muitas vezes essas pessoas que nos visitam são estudantes? Muitos deles pesquisando temas para tese de mestrado? Ou mesmo procurando caminho religioso para uma vida futura? Portanto, quando você fizer alguma coisa dentro da Seita, faça-a com amor, sem orgulho e vaidade, dê um pouco mais de você para quem bate em sua porta; quem sabe, você possa lhe dar um pouquinho de seu Axé!

Falando em Axé, gostaria de dar algumas explicações sobre esta pequena palavra: Axé, a princípio seria a mola mestra de um Barracão de Candomblé, posso até dizer que é. Axé (do dialeto Iorubano), palavra muito difundida no ano de 1988, por ter sido o ano do Centenário da Abolição dos escravos no Brasil, inclusive usada por vários políticos de raízes negras em todo País. Axé é tudo isso e mais alguma coisa que você possa imaginar de bom: amor, carinho, paz, proteção, força, tranqüilidade, igualdade com o seu semelhante e por que não, Amém do latim, usado pelo povo católico. Pois tudo que é feito com Axé é feito com amor! Tenho certeza que você me entendeu e, certamente, um dia que não deve estar muito longe, meu Orixá e Pai Logum-Edé irá apiedar-se desse povo e, quem sabe, irá trazer o verdadeiro Messias da espiritualidade de fundo africanista.

O Autor

DUAS SIMPATIAS IMANTADAS PARA AMANSAR COMPANHEIRO VIOLENTO

Ao lado de seu companheiro, você vive o dia a dia no lar. A presença dele significa muito para você, que o ama e não deseja perdê-lo, embora esteja consciente de que nem tudo está correndo bem no relacionamento entre os dois. O companheiro vez por outra sai da linha e pratica atos de violência física contra você. Resultado: as pessoas percebem marcas de agressão, hematomas pelo corpo. Tal fato cria uma situação vexatória para você. Para casos dessa natureza, recomendo duas simpatias imantadas na energia dos orixás. A primeira você vai fazer tal como recomendo, e sob a proteção da minha Mãe Sereia. É de grande poder para modificar o gênio violento de seu companheiro. Você pode optar pela segunda simpatia, a do leite de cabra, que é feita na força da Preta Velha Maria Conga. É importante no momento de fazer a simpatia agir com firmeza, pensamento sempre positivo e muito apelo para que seu grande amor contagie o coração dele. Você vai conseguir afastar de vez os impulsos violentos do companheiro, e assim acontecendo modificará para melhor o relacionamento entre os dois.

★ ★ ★

AMANSAR COMPANHEIRO VIOLENTO

Adquirir o seguinte:

* ★ Cinqüenta gramas de açúcar cristal
* ★ Um copo de café
* ★ Um copo de leite de cabra
* ★ Meio litro de água de rio
* ★ Um pano branco
* ★ Pedaço de papel degradável (higiênico)
* ★ Uma folha de mamona
* ★ Uma garrafa incolor, com tampa
* ★ Uma vela

Cinqüenta gramas de açúcar cristal, 1 copo de café forte, 1 copo de leite de cabra, 1/2 litro de água de rio. Misture tudo e ferva durante 5 minutos; após coloque em um pano branco para coar, a seguir escreva o nome do seu companheiro em um papel degradável (higiênico, guardanapo ou seda) embrulhe em uma folha de manona pequena e coloque dentro de uma garrafa incolor. Pegue a mistura coada, bote dentro da garrafa e tape bem. Para vedar, você queima uma vela e deixa pingar na tampa. Leve tudo à beira de um rio no qual você apanhou a água e enterre nas margens.

Ofereça um Pai Nosso e sete Ave-Marias para a Preta Velha Maria Conga e você verá como as coisas em casa irão melhorar. Faça tudo com amor, pois só assim irá melhorar o seu relacionamento. SUCESSO!

AMANSAR COMPANHEIRO VIOLENTO

Materiais necessários:

* Uma vela de vinte centímetros
* Um metro de fita branca
* Um metro de fita azul
* Um metro de fita verde

    Pegue uma vela de cera de uns vinte centímetros mais ou menos, compre três metros de fita (1 metro branco, 1 metro azul e 1 metro verde). Escreva o nome de quem você gosta nas fitas, amarre cada uma com sete nós na vela.
    Procure amarrar bem e levar a uma praia. Faça um buraco na areia, com profundidade que não deixe a vela apagar com o vento.
    Faça seu pedido em voz alta para que você possa ouvir e entregue aquela iluminação para Mãe Sereia.
    Aguarde até que as chamas possam atingir as fitas.

    Obs.: Se na sua localidade não tiver praia, serve também um rio. E BOA SORTE!

DUAS SIMPATIAS IMANTADAS PARA NEUTRALIZAR INIMIGOS DECLARADOS

Estas duas simpatias terão maior força se você executá-las em princípio de mês. Recomendamos começar na primeira terça-feira do mês, e à noite. Se você optar pela primeira simpatia, a da pimenta, e em sua região não houver via férrea, serve um pé de manga espada.

A segunda simpatia é também muito forte, mas não escreva no santinho com tinta preta. Segundo a tradição africana, o preto significa trevas e não é este o seu caso, procure escrever com tinta verde, vermelha ou azul.

Neutralize sempre seus inimigos, não os deixe descansados. A pior coisa que existe é ter inimigos e, se você acha que não os tem, dê uma olhadinha mais atenta para trás ou para frente.

★ ★ ★

NEUTRALIZAR INIMIGOS DECLARADOS

Listagem dos ingredientes:

* Um pedaço de papel
* Uma pimenta dedo-de-moça
* Uma vela branca sete dias

Escreva o nome do(a) inimigo(a), ponha dentro de uma pimenta (tipo dedo-de-moça), deixe que ela seque por sete dias, ao sol. Após esse tempo, leve com você, na bolsa ou no bolso, a uma via férrea. Faça um buraco por baixo de um dormente e coloque ali; tape de novo com pedras. Faça o seguinte pedido:

"Sr. Ogum de Ronda, peço que o senhor leve para bem longe a maldade e o ódio que (citar o nome) tem por mim."

Se tudo correr bem, vá a uma Casa de Cultos e dê de presente uma vela sete dias, branca, e diga o seguinte:

"Esta vela tem que ser acesa para o Senhor Ogum." Não importa se a casa vai cumprir o que você pediu, o importante é que você cumpriu sua promessa. SUCESSO!

NEUTRALIZAR INIMIGOS DECLARADOS

Separar o seguinte material:

* Uma estampa de São Jorge
* Uma folha de comigo-ninguém-pode
* Uma garrafa de cachaça

Compre uma estampa de São Jorge (santinho), escreva no verso o nome do seu inimigo declarado, sete vezes atrás do santinho; pegue uma folha de comigo-ninguém-pode, macere bem com as mãos em um pouco de cachaça. Pegue um pouco do líquido pronto e passe com força sobre o nome do inimigo. Espere secar, prenda o santinho atrás da porta do banheiro.

Após sete dias, retire a estampa da porta, pique-a bem miudinha e coloque no vaso sanitário; dê descarga e não fale com ninguém sobre o trabalho que você fez.

Peça a São Jorge que lhe dê paz! SUCESSO!

DUAS SIMPATIAS IMANTADAS PARA DESPACHAR QUEM COLA NO PÉ

Você já imaginou alguém "colado no seu pé" dia e noite? E sem amor! É barra, moço! O negócio é botar para correr e gente "nova no pedaço!" Foi com esta intenção que busquei junto às Entidades de luz uma fórmula menos dolorida para mandar alguém embora.

Todas as duas simpatias são excelentes, numa você invoca a "Dona dos Ventos", minha mãe Iansã; na outra, uma das escravas dela, que é a Bombogira Dona 7. Qualquer uma só tem que dar certo. Aí é par ou ímpar, escolha a do seu gosto, e mãos à obra! É chato mesmo ter alguém "colado no pé" da gente. Faça com amor, procure derramar todo seu *axé* em cima das simpatias. E sucesso.

★ ★ ★

DESPACHAR QUEM COLA NO PÉ

Componentes da simpatia:

* ★ Uma fotografia da pessoa
* ★ Um saquinho de pano
* ★ Uma tesoura sem ponta
* ★ Uma champanha

Arranje um retrato da pessoa indesejável, faça um saquinho de pano e corte a foto com tesoura sem ponta e vá colocando os pedaços da foto dentro do saquinho (os pedaços, quanto menor, melhor) e guarde com você até aparecer um caminhão com placa de fora. Procure colocar no caminhão o saquinho, em local seguro, que não venha cair facilmente. Faça um pedido à Deusa dos Ventos para que leve o saquinho para bem longe (na hora pronunciar o nome da pessoa). Procure não fazer sexo durante sete dias, após feita a obrigação. Se você fizer o trabalho com fé, será bem sucedida(o). Se você obtiver o que deseja vá a um bambuzal e estoure uma champanha para a Deusa dos Ventos, em sinal de agradecimento. EPÁ RÊ BELA OIÁ!

DESPACHAR QUEM COLA NO PÉ

De início vai ser preciso:

* Um sapato usado da pessoa (pé esquerdo)
* Alicate ou faca
* Uma meia nova
* Um pedaço de papel de embrulho
* Uma garrafa de champanha

    Arranje um sapato já usado pela pessoa indesejável, se possível o pé esquerdo. Arranque-lhe a sola com um alicate ou faca, pegue a parte de cima e embrulhe junto a uma meia nova (pode ser qualquer papel). Leve até um pasto onde tenha bovinos e deixe lá, mas tem que ser num local distante onde a pessoa jamais possa passar por perto.
    A sola você leva a uma encruzilhada mais próxima de sua casa, coloque o bico da sola na direção da via principal. Cuspa em cima e peça para Bombogira Dona Sete levar para bem longe de você (pronunciar o nome da pessoa). Se dentro de sete dias a pessoa for embora, volte à encruzilhada e abra uma garrafa de champanha, beba um pouco e agradeça à Dona Sete o serviço feito. SALVE DONA SETE!

DUAS SIMPATIAS IMANTADAS PARA CONSEGUIR AMARRAÇÃO

Tem gente que pensa que é feia e não consegue segurar ninguém por isso. Você já ouviu aquele ditado de que "há sempre um chinelo velho para um pé cansado"? Já! Então, desejo a você o maior sucesso com a imantação destas duas simpatias. Procure fazer a *simpatia da corda* no primeiro dia do mês, se possível antes das 6 horas da manhã. Se optar pela *simpatia da comigo-ninguém-pode*, procure a folha que seja de fundo verde com as manchas amareladas, pois é a mais forte para esta simpatia. Você pode ser solteira ou casada para a *simpatia da comigo-ninguém-pode*, pois Vovó Benedita irá lhe ajudar do mesmo jeito.

★ ★ ★

CONSEGUIR AMARRAÇÃO

Antes, providenciar:

* Setenta centímetros de corda (de juta)
* Uma bacia
* Um sabão da costa

Para pessoas que são casadas ou de bem com a vida.

Arranje setenta centímetros de corda (juta) virgem, procure deixar de molho em uma bacia com sabão da costa, dê um nó no meio da corda. Quando for lavar as roupas de quem você quer amarrar, colocar esta corda no fundo da bacia, repetir três vezes:

"Santo Antônio, poderoso e grande, enobreça o nosso lar."

De preferência fazer esta simpatia imantada em noite de lua cheia, guardar a corda até a noite do dia 12 de junho, quando você irá despachar a corda com o nó em uma fogueira. Tenha um lar cheio de amor, ou seja: cheio de Axé! SUCESSO!

CONSEGUIR AMARRAÇÃO

Para começar é preciso de:

* Um punhal virgem
* Um metro de fita branca
* Três cigarros de palha
* Pedaço de papel de pão
* Um pé de comigo-ninguém-pode

    Arranje um punhal virgem, um metro de fita branca e três cigarros de palha. Procure um pé de mamão e faça um buraco no chão, bem próximo de sua raiz. No buraco você coloca escrito em papel de pão o nome de quem você realmente gosta. Acenda os três cigarros e coloque-os em cima do nome da pessoa, (os três na posição, desenho, de uma ponta de flecha). Depois escreva o seu nome na fita, com esta vá enrolando e fazendo 21 nós no punhal. Enterre o punhal na ponta da flecha de cigarros que você fez anteriormente.
    Tape tudo com terra e em cima plante um pé de comigo-ninguém-pode. Peça para Vovó Benedita amarrar quem você gosta na barra de sua saia. Se a planta crescer, você vai conseguir o seu desejo, e seja feliz. SUCESSO!

DUAS SIMPATIAS IMANTADAS PARA MELHORAR O MOVIMENTO DA LOJA

    Estas simpatias deverão ser feitas pelo proprietário do estabelecimento ou pelo seu gerente, se possível, no primeiro dia da semana. Se houver críticas ao seu comportamento por fazer uma simpatia na loja, não leve em consideração, afinal, estamos vivendo numa democracia! E a Constituição permite a você toda a liberdade de praticar e cultuar qualquer seita.
    Lembre-se: simpatia é coisa séria, tem que ser feita com muito amor e sempre acreditando que vai dar certo. Se você não acredita e está fazendo só porque alguém lhe recomendou fazer, não faça! Pois aí não vai dar certo mesmo!...

★ ★ ★

MELHORAR O MOVIMENTO DA LOJA

O que é preciso para esta simpatia:

* Um copo virgem
* Uma tesoura de prata
* Sete pedaços de carvão vegetal
* Um olho-de-boi (semente)
* Um maço de velas

    Arranje um copo virgem, uma tesoura de prata (das pequenas), sete pedaços de carvão vegetal e um olho-de-boi. Coloque tudo dentro do copo (menos a tesoura). Deposite o copo atrás de uma das portas de entrada da loja ou por trás de um móvel, colocando em seguida a tesoura em cima e aberta, com as pontas para a rua.
    Todos os dias, na hora que você chegar, coloque água no copo (complete). Fique atenta, carvão vegetal bóia na água, tanto que se você notar que algum pedaço do carvão afundou, troque a água e retire o pedaço de carvão que afundou. Se você notar que o movimento da loja aumentou, compre então um maço de velas e leve até uma Casa de Cultos e dê de presente. SUCESSO!

MELHORAR O MOVIMENTO DA LOJA

Ingredientes a providenciar:

* ★ Um punhado de erva abre-caminho
* ★ Um prato de ágata, branco
* ★ Oito ovos de codorna
* ★ Vinte e uma moedas de uso corrente

Compre um bom punhado de abre-caminho, ainda verde e um prato de ágata branco. Faça com a erva uma espécie de ninho dentro do prato; coloque oito ovinhos de codorna e vinte e uma moedas correntes. Feito o trabalho, esconda o prato dentro da loja, num local onde sua clientela não possa vê-lo.

Peça à Mamãe Oxum que aumente seu movimento de venda. Após vinte e um dias, despache tudo em água corrente (se possível, em rio encachoeirado); não jogue o prato fora, poderá ser útil outra vez a você. Faça tudo com amor, com muita vontade de progresso, pois só assim as coisas poderão melhorar! SUCESSO!

DUAS SIMPATIAS IMANTADAS PARA EVITAR ENJÔOS DURANTE A GRAVIDEZ

Andando de ônibus, automóvel, trem ou fazendo uma caminhada a pé, muitas vezes a mulher grávida tem que interromper o percurso por problemas de enjôo, quase sempre acompanhados de vômitos. Não adiantam os remédios, você está grávida e terá de passar por isso. . . Esta é a voz popular que fala mais alto e certo. Eu, particularmente, já tive este problema em casa.

Certo dia, visitando uma Casa de Cultos de origem Nagô, uma Entidade me repassou estas duas simpatias. Imediatamente escolhi uma e fiz para minha esposa e foi o bastante: nunca mais ela teve enjôos na gravidez.

Por que você não faz o mesmo? Escolha a que achar mais interessante e mãos à obra! Recomende às suas amigas que estão grávidas, elas irão lhe agradecer, tenho certeza!

★ ★ ★

EVITAR ENJÔOS DURANTE A GRAVIDEZ

É preciso providenciar:

* ★ Um sapatinho de nenê, já usado
* ★ Um pepino
* ★ Sal

Quando você souber do resultado do seu exame de gravidez, e sendo positivo, procure fazer sexo com seu parceiro na posição superior (isto é, você por baixo) durante a última sexta-feira dos três primeiros meses de gravidez. Procure comer bastante pepino com sal, para seu(sua) filho(a) nascer bonito e sem problemas. No último mês da gravidez, pegue um sapatinho já usado e vá até uma praia ou às margens de um rio, jogue-o e peça para Mamãe Oxum lhe dar uma boa hora, que seu parto seja por via normal.

Fazendo isso, você não terá enjôos, não terá filhos feios e nem doentes e não sentirá as famosas dores do parto. SEJA FELIZ!

EVITAR ENJÔOS DURANTE A GRAVIDEZ

Componentes que entram na simpatia:

* Um alfinete de fralda, todo de ferro
* Uma garrafa vazia de soda-limonada, com tampa
* Um vaso de plantas
* Vinte e um bombons

    Em noite de lua nova vá até o quintal de sua casa e olhe para cima (se você mora em apartamento, serve uma pracinha que tenha crianças), procure no firmamento uma estrela bem bonita, justamente aquela que você mais gostar e faça o seguinte pedido:
    "Minha estrela favorita, o meu maior desejo é ter este filho, mas não me deixe sofrer com estes enjôos torturantes."
    Compre um alfinete de fraldas que seja todo de ferro (sem plástico) e coloque dentro de uma garrafa de soda-limonada. Tampe e enterre no quintal de sua casa; se mora em apartamento, enterre-a em um vaso de plantas, o mais bonito.
    Só retire a garrafa quando seu(sua) filho(a) nascer. Duvido que você vá ter enjôos. Após, leve a garrafa a uma praça, destampe e ofereça junto com vinte e um bombons a Cosme e Damião. ERÊ MI OXUM!

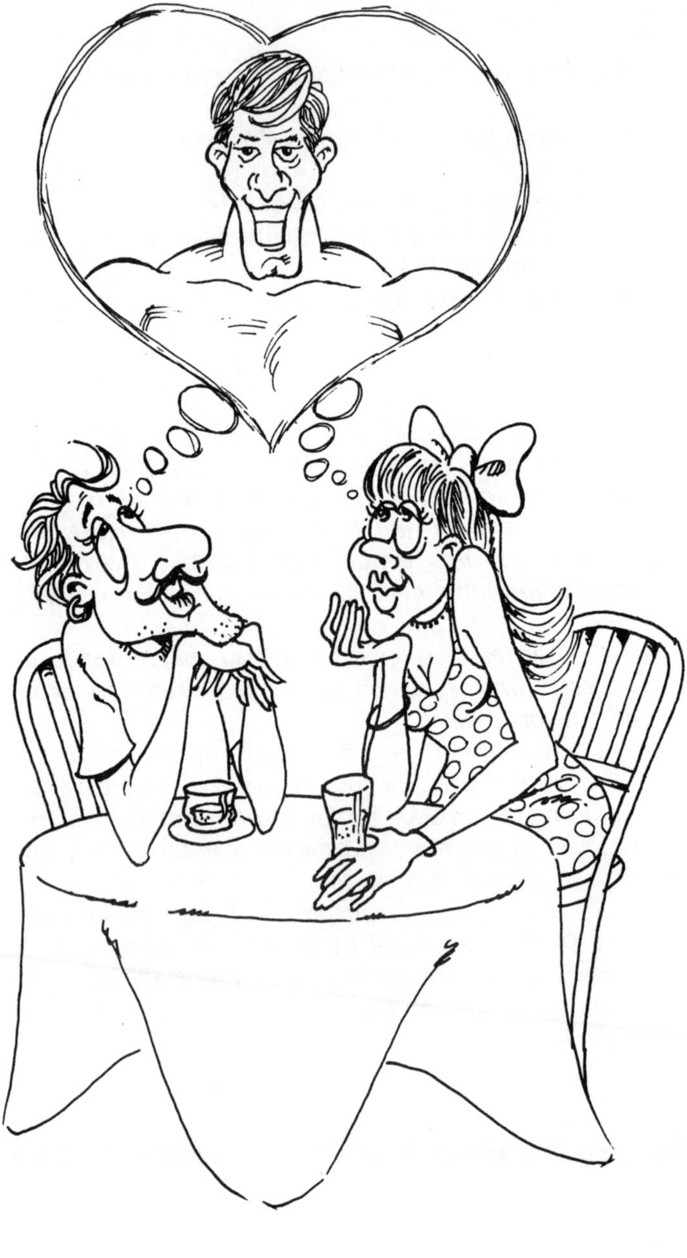

DUAS SIMPATIAS IMANTADAS PARA ARRUMAR UM "CASO"

Quando a gente fala em arrumar um *caso,* não é arrumar uma confusão, pois tem gente que acha que arrumar um *caso* é uma futura confusão!

A primeira simpatia, para os "entendidos", nunca falhou, sempre que repassei, deu certo. Se é o seu caso, por que não tentar? Pode pintar um "bofe lindão". Já a segunda, não pode ser usada por pessoas "entendidas" e nem por homens, somente mulheres descompromissadas. As duas são muito fáceis de fazer. Procure se compenetrar naquilo que está fazendo, não faça nada por brincadeira, pois simpatia é coisa séria, brinque com outras coisas.

★ ★ ★

ARRUMAR UM "CASO"

Para fazer a simpatia comprar:

* Uma porção de erva bete-miúda
* Um presente

Esta simpatia só tem validade para pessoas entendidas.

Vá a uma casa especializada em ervas e compre uma boa porção de bete miúda, separe sete folhas e o resto você vai cozinhar e fazer um bom banho de descarrego, que você deve tomar da cabeça aos pés, no dia em que sair para a pegação. Se você conseguir fazer sucesso, pegue uma das sete folhas que separou e compre um presente para a pessoa que você conseguiu e embrulhe junto.

As outras seis folhas você vai até uma praia e pede para Iemanjá dar um pouco de segurança no seu relacionamento (se na sua região não tiver praia, serve um rio). Desejo-lhe sucessos! ERUYÁ MY!

ARRUMAR UM "CASO"

Recomendo ter em mão:

* Uma garrafa de champanha
* Uma vela cor marrom
* Papel de escrever

Compre uma garrafa de champanha da mais espumosa e em noite de chuva abra-a; tome um pouco, escreva nomes de pessoas que você ache interessantes e coloque-os dentro da garrafa. Tampe com rolha de cortiça, acenda uma vela marrom e com os pingos da cera você vai lacrando a tampa. Coloque a garrafa na sua estante e peça para Maria Padilha colocar alguém que está ali dentro na sua vida. Caso isto venha a acontecer e de acordo com o esperado, compre uma outra garrafa de champanha e leve as duas até uma encruzilhada; abra a nova para a Entidade e a antiga você trate de quebrá-la em uma pedra ou no meio-fio da calçada. DESEJO-LHE SUCESSO!

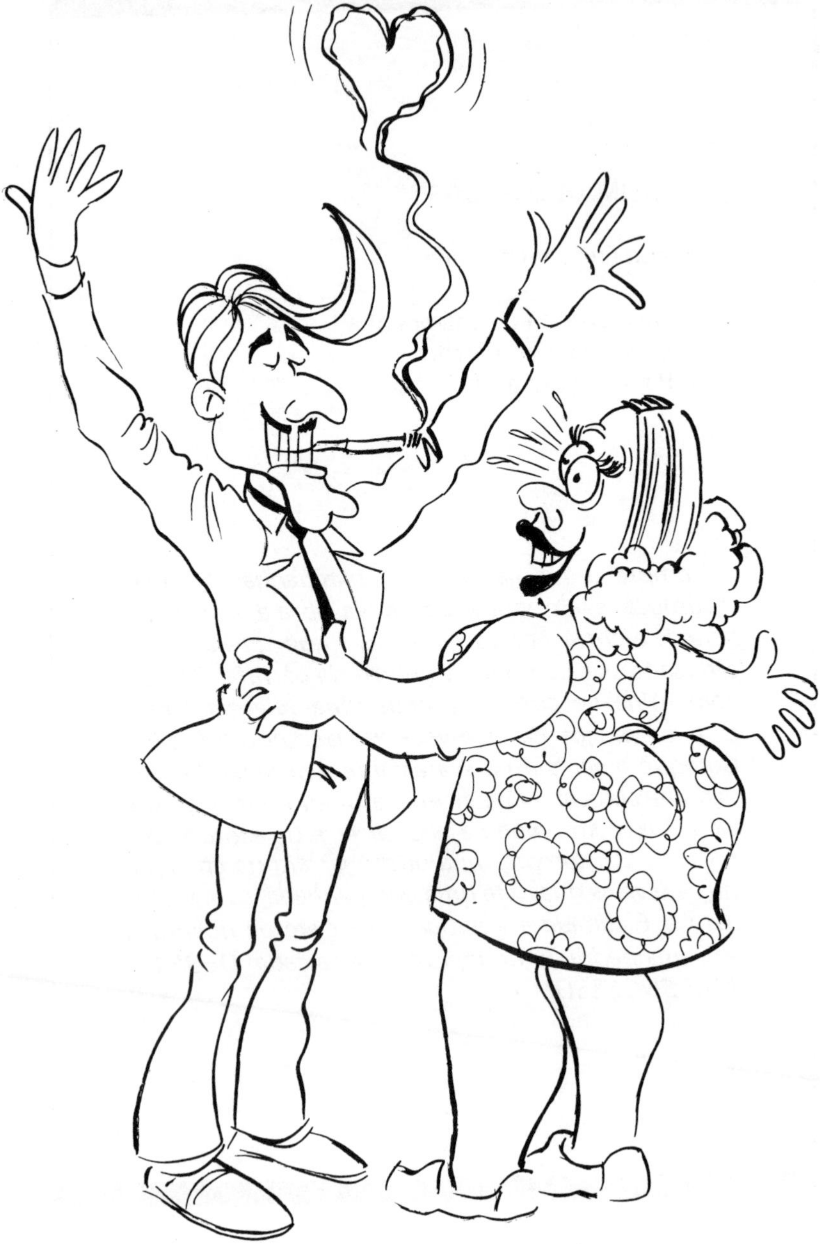

DUAS SIMPATIAS IMANTADAS PARA MULHER IDOSA ARRUMAR MARIDO

Parece jocoso e até cômico, mas não é. Há mulheres que ficam a vida toda esperando aquele "príncipe encantado" e, quando dá por si, a idade chegou! O que fazer? Partir pra guerra!. . . A opção fica por conta de cada uma. Eu preparei estas duas simpatias para você, que é uma mulher de meia-idade e precisa arrumar uma companhia. Faça sua opção: se é católica, faça a da missa, se espírita, faça a dos restos de velas.

Se você optar pela simpatia da missa, tem que ser missa de domingo, não pode ser de outro dia e, muito menos as do primeiro dia da semana.

★ ★ ★

MULHER IDOSA ARRUMAR MARIDO

Listagem de tudo o que é preciso:

* Uma imagem de Santo Antônio (de metal branco ou chumbo)
* Um torço branco
* Papel de embrulho

Se você é católica e tem o hábito de ir à missa, é quase certo que esta receita irá se coroar de êxito.
Compre um Santo Antônio de metal branco ou chumbo e quando você for à missa, coloque-o na sua cabeça, bem em cima da moleira, amarre um torço branco para que ele não caia. Faça isso durante sete missas, oferecendo sempre as missas para Santo Antônio da Roça Grande.
No final das sete missas você vai enterrá-lo na raiz de um pé de comigo-ninguém-pode, *embrulhado em papel onde você já escreveu o nome de sete homens dos mais bonitos do mundo! E comece a freqüentar os locais de maior aglomeração masculina. SUCESSO!*

MULHER IDOSA ARRUMAR MARIDO

Para fazer a simpatia providenciar:

* Resíduos de sete velas acesas para o anjo da guarda
* Um pano de cabeça já usado

Se você tem o hábito de freqüentar Terreiro de Umbanda e faz parte da Gira, esta simpatia imantada é tiro-e-queda.

Pegue restos de sete velas que foram acesas para o anjo da guarda em começo de sessão, embrulhe em um pano de cabeça que já tenha sido bem usado, escreva sete nomes de homens que você conhece e coloque junto, leve até uma cachoeira e despache nas águas borbulhantes. Você não vai conseguir nenhum dos que você escreveu, pois você simplesmente estará tirando da sua vida os homens indesejáveis. Procure escrever o nome de pessoas que você realmente não gosta.

Peça para Ewa, o Orixá da loucura, correr atrás de uma boa pessoa que possa fazer parte da sua vida e seja feliz! MEU SARAVÁ!

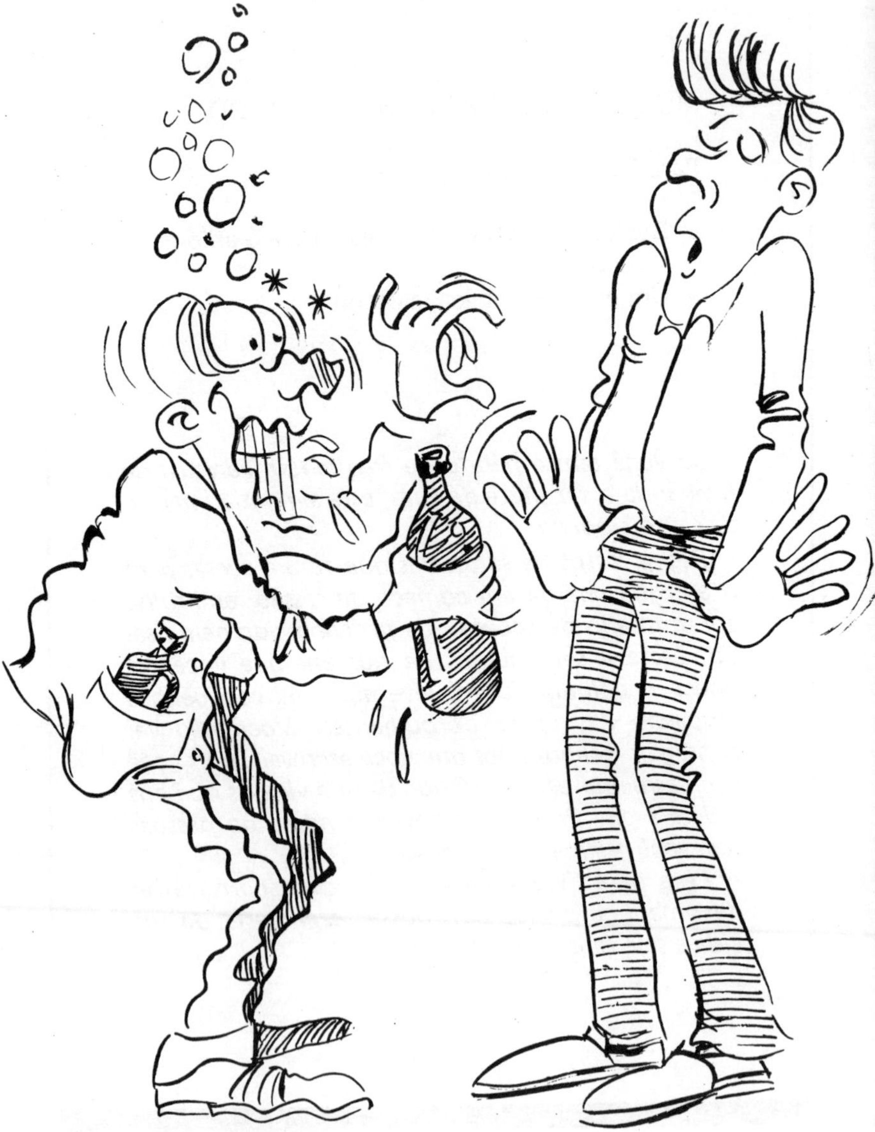

DUAS SIMPATIAS IMANTADAS PARA ACABAR COM O VÍCIO DE BEBER

Quantas donas-de-casa gostariam que seus maridos parassem de beber? Quantas!... É uma coisa séria o vício de beber. Hoje o Brasil possui várias clínicas especializadas em alcoolismo, mas o tratamento, além de prolongado é caríssimo. A maioria das pessoas não podem nem sonhar em fazer um tratamento desses.

Se você tem esse tipo de vício e quer parar, experimente uma destas simpatias. Se fizer com fé, tenho absoluta certeza de que dará certo. Hoje posso afirmar que muita gente já parou de beber usando simpatias. Por que você não tenta? Uma pessoa recuperada é mais útil à sociedade que muitos falsos puritanos.

★ ★ ★

ACABAR COM O VÍCIO DE BEBER

Rol dos ingredientes para esta simpatia:

* ★ Um copo virgem
* ★ Água de nascente
* ★ Vinte e uma pedrinhas de sal grosso
* ★ Pedaço de carvão coque

Compre um copo virgem, coloque dentro dele água de mina (nascente) com vinte e uma pedras de sal grosso e um bom pedaço de carvão coque. Quando a pessoa que bebe dormir, você coloca embaixo da cama, sem que ela veja. No outro dia você pega tudo e despacha em um canavial ou uma moita de cana, dizendo:

"Daqui você saiu e é aqui que você vai morar." Repetir mais três vezes, mas não use o mesmo copo e nem a mesma moita de cana.

Quando chegar no canavial (ou moita de cana) para fazer a entrega você pede a Exu do lodo para retirar de (citar o nome) o vício de beber. Se você fizer com fé e muita vontade, posso lhe garantir que vai dar certo, positivo. Então, ofereça um litro de pinga, da mais barata, para este Exu, e tenha uma vida melhor! BOA SORTE!

ACABAR COM O VÍCIO DE BEBER

Anotar o que vai ser preciso providenciar:

* Duas velas
* Papel para escrever
* Uma garrafa

Passe em um boteco, destes que só vendem bebidas alcoólicas, e peça para lhe fazer uma caipirinha, no capricho. Dê uma desculpa qualquer e leve o copo com você. Escreva o nome da pessoa que bebe com pingos de velas, faça do papel um enroladinho e coloque dentro de uma garrafa, depois a caipirinha por cima. A seguir, você quebra o copo, e os cacos de vidro vai colocando dentro da garrafa. Feche-a bem, acenda uma outra vela e faça a vedação com os pingos.

Vá a uma subida de morro (favela) e coloque a garrafa num lugar seguro; chame por Seu Malandrinho, depois espere vinte e um dias. Se a pessoa parar de beber, volte ao local com uma boa caninha e quebre a garrafa em cima, como agrado à Entidade. Boa sorte! LARÔ EXU, LARÔ!

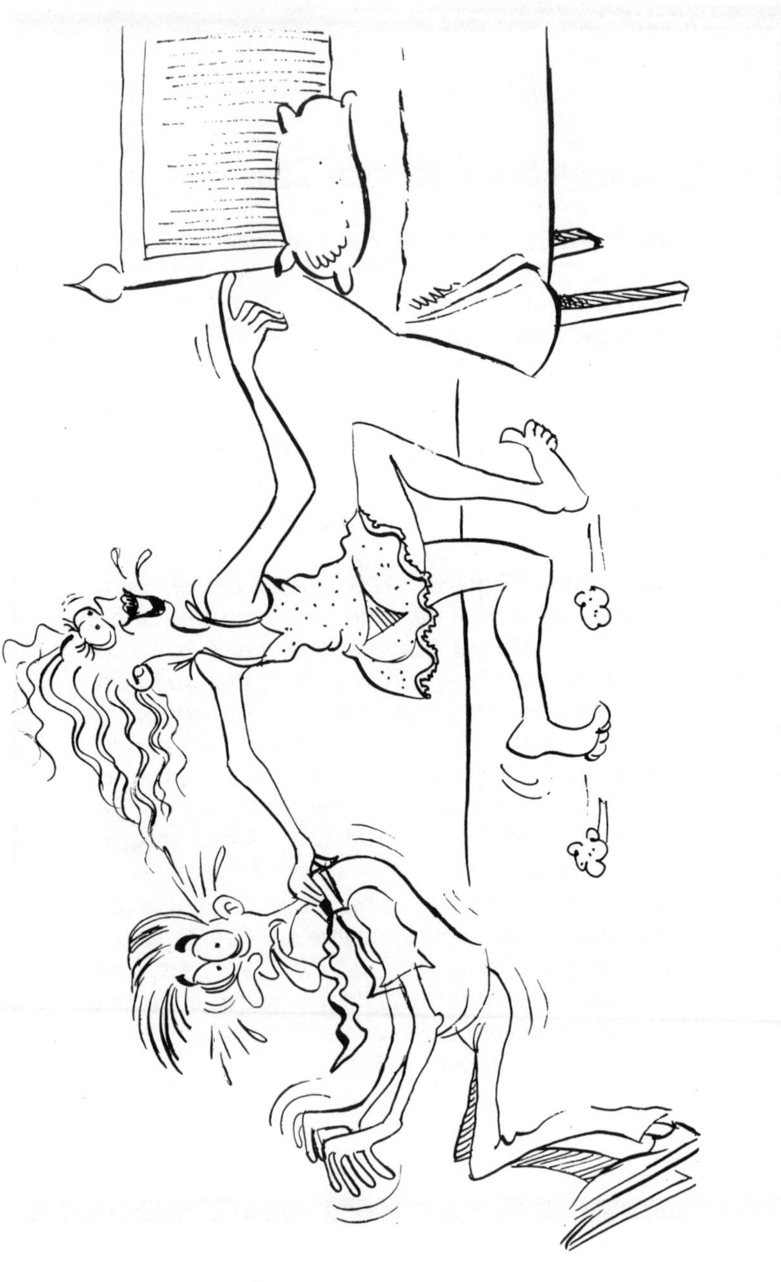

DUAS SIMPATIAS IMANTADAS PARA TIRAR FRIGIDEZ FEMININA

Se você já consultou seu médico e ele não deu jeito em sua frigidez, o seu caso pode ser espiritual. Quem sabe podemos fazer alguma coisa por você? Preparei estas duas simpatias para quem já fez de tudo e nada deu certo.

Experimente uma das simpatias e verá que seu caso não é tão feio como você imagina, poderá ficar boa e começar a sentir os prazeres da vida.

Se você gosta de comer *acarajé,* poderá optar pela simpatia do *Orixá dos Ventos,* mas terá de ficar uns sete meses sem comer acarajé, pois se comer cortará os efeitos desejados.

★ ★ ★

TIRAR FRIGIDEZ FEMININA

Para a simpatia a seguir recomendo:

* Cinco romãs verdes
* Órgão sexual de uma coelha
* Coração de um coelho
* Coador de café ainda não usado
* Vasilhame de vidro (litro)
* Folhas de jornal
* Uma rosa

Arranje cinco romãs verdes, corte-as em cruz sem descascar; encomende em um abatedouro de pequenos animais os órgãos sexuais de uma coelha e o coração de um coelho; arranje um coador de café sem uso e coloque tudo dentro.

Amarre bem para não soltar e coloque em uma panela com dois litros de água para ferver durante uns quinze minutos; guarde o líquido em litros de vidro e o material usado você coloca em um jornal e despacha (deixe) em um bar bem movimentado, destes que são freqüentados por "damas da noite". O líquido, quando você estiver menstruada, tome banhos de assento com ele antes da higiene matinal e durante todo o seu ciclo menstrual.

Maria Padilha garante que, quando sua menstruação for embora, sua frigidez também vai! Dê uma rosa para ela, depois. SUCESSO!

TIRAR FRIGIDEZ FEMININA

Componentes que entram nesta simpatia:

* Acarajé
* Formiga saúva
* Uma garrafa de champanha
* Uma calcinha

Passe por uma baiana, destas que vendem acarajé, mas passe bem devagar; se ela olhar para você, dê-lhe um sorriso, volte e pergunte:
"Você, por acaso, tem acarajé frito agora?"
Se a resposta for afirmativa, compre um e não deixe que ela o abra. Leve-o para casa e faça o seguinte: arranje uma formiga, tipo saúva, bem grande. Com o dedo indicador faça um furo no centro do "quitute", coloque a formiga ali dentro e tape. Arranje uma peça íntima sua já bem usada e embrulhe-o; procure nos arredores uma boa moita de bambu amarelo, faça junto um buraco e enterre tudo, dizendo em voz alta:
"Orixá dos ventos, dona das tempestades, com o seu furacão leve tudo para bem longe" (falar do problema).
Se você for agraciada com esta dádiva, leve, um mês depois, no local, uma champanha, abra (você em pé em cima do local) e beba três goles e seja feliz! SUCESSO!

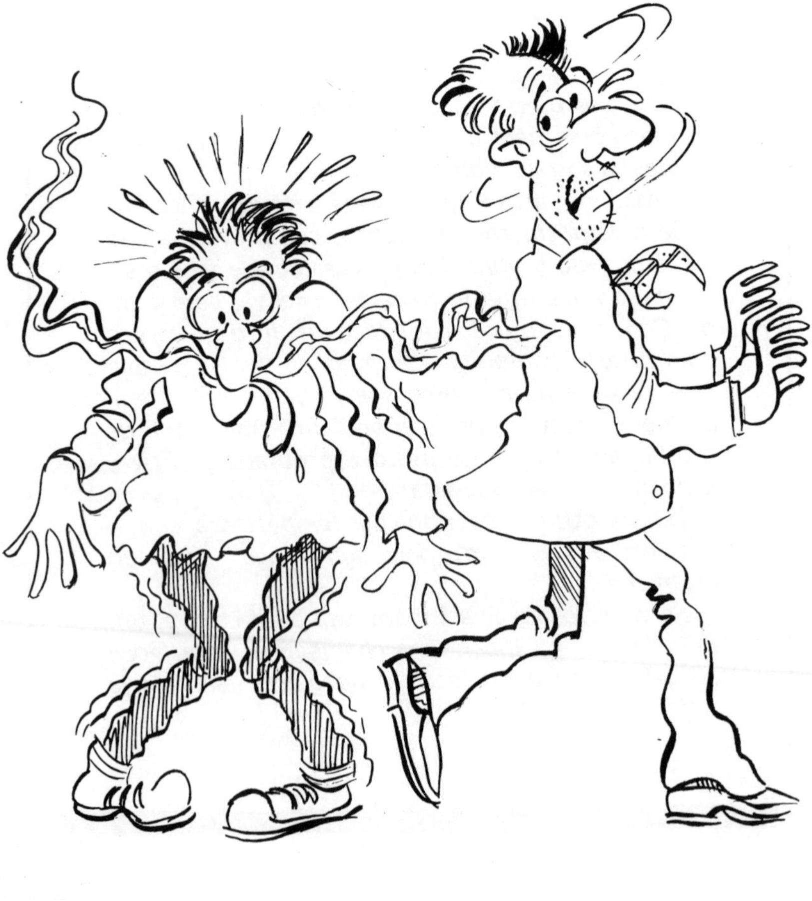

DUAS SIMPATIAS IMANTADAS PARA ELIMINAR O ODOR DAS AXILAS

Tem gente que mal saiu do banho já está fedendo. Eta-ferro! Como é danado o tal do "cecê".
Preparei estas duas simpatias para você que tem este problema, ou pelo menos sente que tem. Procure fazer sempre à noite, principalmente em noite de lua minguante, quando ela estiver em fase de redução de seu tamanho. Quando você sentir que está ficando com "cecê", procure não usar roupas de mangas, sempre com decotes; depilação das axilas sempre no banho, nunca em frente ao espelho. Sabonetes, por mais cheirosos que sejam, contêm potassa e soda cáustica, o que nunca foi bom para os poros. Procure sempre as coisas naturais. Mantenha uma boa alimentação, evite carnes vermelhas e procure comer muito peixe.

★ ★ ★

ELIMINAR O ODOR DAS AXILAS

O material necessário é este:

* Uma pena de urubu
* Uma tesoura
* Sete folhas de limão branco
* Um copo virgem
* Sabão neutro

Procure arrumar uma pena de urubu (são vendidas nas lojas especializadas em produtos de culto de santo). Com uma tesoura você corta a pena de urubu o mais miúdo possível, e mais: arranje sete folhas de limão branco, picando-as também em pedacinhos diminutos. A seguir você coloca a mistura em um copo virgem, vai até um mangue e enterra bem fundo; se na sua região não tiver mangue serve uma fossa ou lugar de despejos sanitários.

Procure tomar banhos com sabão neutro, não usar talco de forma alguma. Se durante trinta dias após você fazer a simpatia persistirem os odores, repita a dose ou consulte um médico especialista; pois o seu problema pode ser orgânico. BOA SORTE!

ELIMINAR O ODOR DAS AXILAS

Rol dos ingredientes para esta simpatia:

* Uma caixa de fósforos
* Vinte e uma pedrinhas de sal grosso
* Um limão branco

Quando você for se depilar, procure guardar os pêlos em uma caixa de fósforos (com os palitos). Coloque vinte e uma pedras de sal grosso junto e esprema uma oitava parte de um limão branco em cima.

Faça uso das outras sete partes do limão durante sete dias seguidos, após o banho, esfregando-as nas axilas.

Quando você for convidada(o) para um churrasco ou mesmo um em sua casa, procure levar na bolsa a caixinha de fósforo com tudo dentro; na hora em que as pessoas se descuidarem, você finge que vai pegar carne e solta a caixa nas brasas da churrasqueira e saia fora! Seja cheirosa(o) para sempre. . . BOA SORTE!

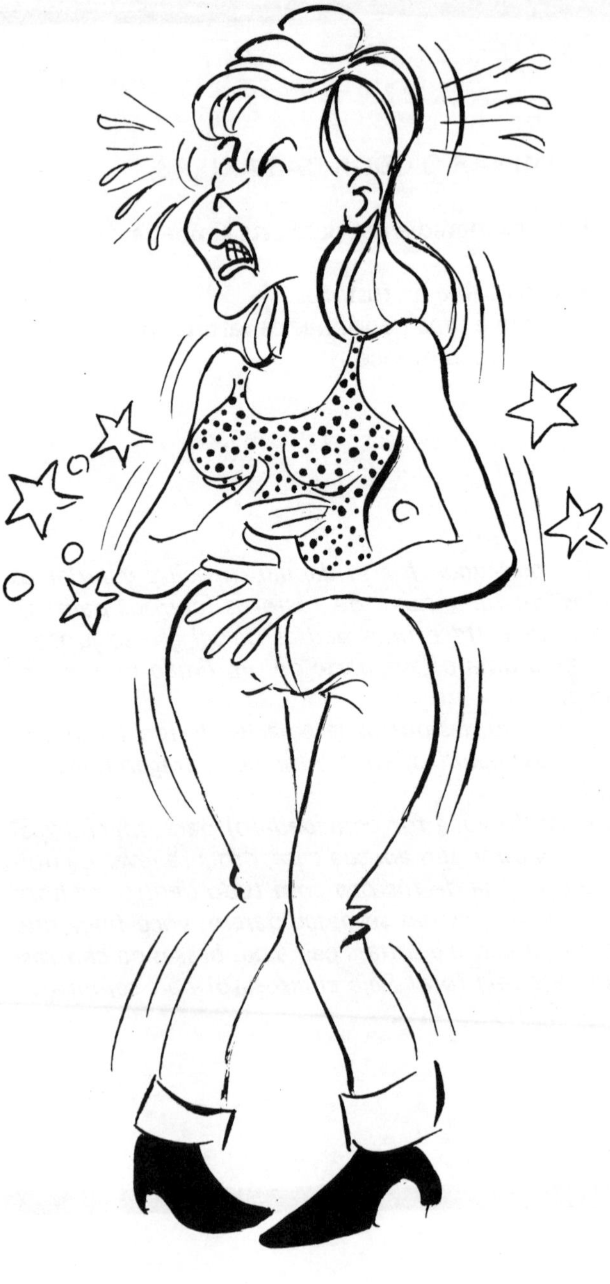

DUAS SIMPATIAS IMANTADAS PARA ACABAR COM CÓLICAS MENSTRUAIS

Não posso nem imaginar o que seja sentir cólicas menstruais. Como homem é impossível sentir o que minhas consulentes sentem, mas posso muito bem imaginar o que é sentir dor para se limpar e se preparar para uma nova vida. O ciclo menstrual de uma mulher nada mais é que a limpeza para uma nova vida, uma vida tem que ser preparada com amor e carinho e não dor!

Preparei estas duas simpatias para você que é mulher e tem este problema. No entanto, elas se dividem: se você é virgem (coisa rara nos dias atuais) *não faça* aquela que envolve o Orixá Obaluaê, pois ela é muito pesada para você, procure fazer a do Orixá Iansã, que para você é mais indicada. Não esqueça que tudo tem que ser feito com muito amor, muita dedicação, pois só assim você obterá sucesso.

★ ★ ★

ACABAR COM CÓLICAS MENSTRUAIS

Recomendo providenciar:

* Uma romã
* Açúcar cristal
* Bicarbonato

Em noite sem lua, noite escura, quando você estiver com cólica menstrual, no auge da dor, pegue uma romã, retire sete pedaços da casca, duas colheres de açúcar cristal e uma pitada de bicarbonato. Coloque tudo em uma vasilha que não tenha gordura e ferva em um litro de água, até que o conteúdo se reduza a meio litro. Coa e ponha a vasilha na sua geladeira e tome um cálice pequeno de hora em hora.

O miolo da romã e os pedaços da casca que você ferveu embrulhe junto com um absorvente higiênico e enterre tudo num mangue ou num chiqueiro de porco.

Peça para o senhor Obaluaê lhe fazer a limpeza da sujeira e seja feliz! Se no próximo mês sua cólica menstrual vier com dor, repita a dose. ATÔ TÔ AJUBERU!

ACABAR COM CÓLICAS MENSTRUAIS

De início ter em mão:

* Vinte e uma pétalas de rosa branca
* Vinte e uma pétalas de beijo branco
* Vinte e uma folhas de romã
* Uma garrafa de vinho moscatel
* Um absorvente usado

Esta simpatia terá os efeitos desejados somente em menina moça (virgem).
Arranje vinte e uma pétalas de rosas brancas, vinte e uma pétalas de beijo-branco e vinte e uma folhas de romã (folhas novas). Compre uma garrafa de vinho moscatel e coloque tudo dentro, tape bem e guarde em local que só você sabe onde encontrar; deixe passar vinte e um dias e quando estiver no primeiro dia da menstruação, beba um cálice pequeno do vinho de hora em hora até acabar a garrafa. Introduza na garrafa vazia um absorvente higiênico já usado, depois tampe e enterre próximo a um bambuzal e peça à Iansã, o Orixá dos ventos, para levar para bem longe o seu mal (citar em voz alta o que lhe atormenta) e viva melhor! EPA RÊ OYÁ, MESAN IKU ORUN!

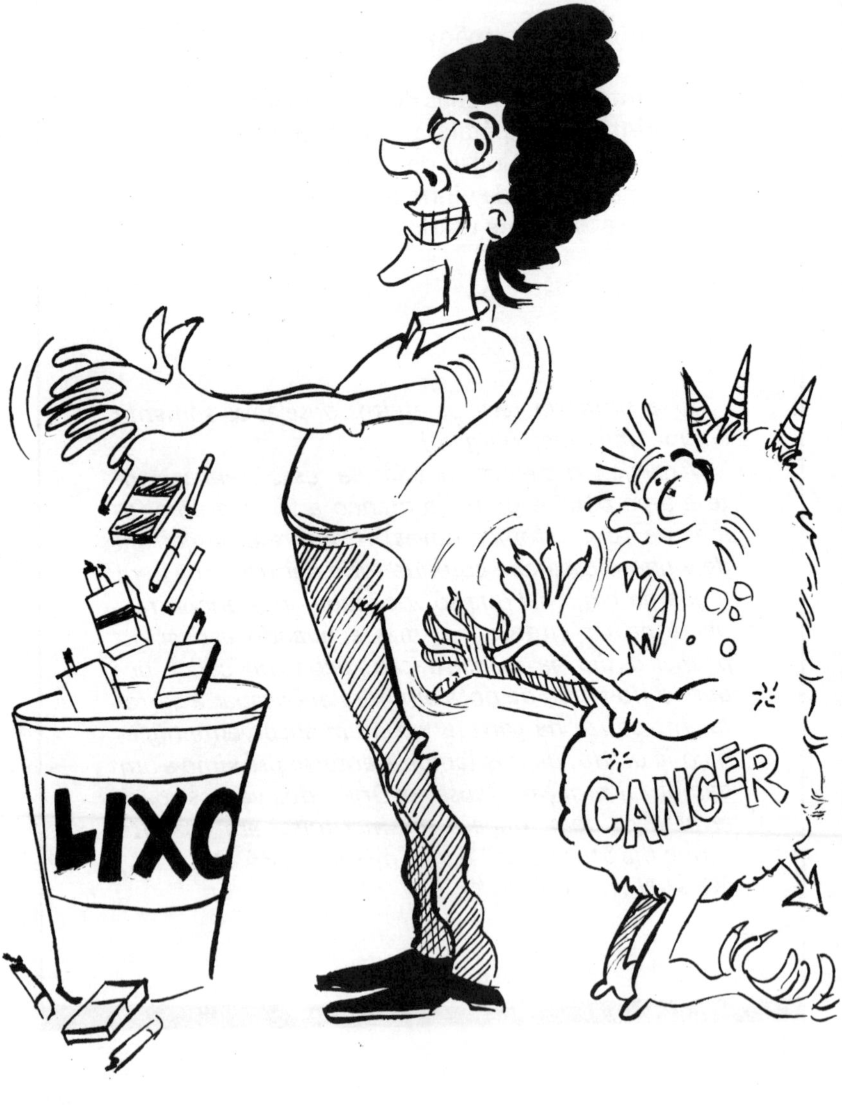
LIXO
CANCER

DUAS SIMPATIAS IMANTADAS PARA TIRAR O VÍCIO DE FUMAR

Se você quiser obter resultados com uma destas duas simpatias, é preciso, em primeiro lugar, ser uma pessoa de personalidade muito forte (já sei que você não é tão forte, pois fuma).

Se você escolheu a do *bar bem movimentado,* procure fazê-la sempre à noite e, se possível, numa sexta-feira de lua minguante. Mas, se você optou pela segunda, procure antes um "Pai de Santo", pois terá de levar todos os ingredientes até as matas e, sem a devida preparação, poderá não surtir os efeitos desejados por você.

Encare com seriedade aquilo que você está fazendo, não faça simplesmente por fazer, tem que ter fé e, como já disse, muita força de vontade.

★ ★ ★

TIRAR O VÍCIO DE FUMAR

Para esta simpatia recomendo separar:

* Um maço de cigarros do mais caro
* Uma garrafa de champanha
* Uma rosa vermelha

Passe em um bar bem movimentado — daqueles que têm mesa do lado de fora —, compre um maço de cigarros "fino", compre também uma garrafa de champanha espumosa e arranje uma rosa vermelha bem aberta.

Pegue tudo e leve até uma encruzilhada de terra. Abra o maço de cigarros, tire um e fume até o final. Abra também a garrafa de champanha, tome um gole, coloque em um canto da encruzilhada tudo o que levou, e da rosa tire uma pétala e guarde com você. Ofereça para **Bombogira Maria Rosa***, fazendo o seguinte pedido: "Bombogira Maria Rosa, de hoje em diante você irá fumar por mim".*

Volte para casa, tente não fumar durante cinco dias. Garanto que a sua vontade de fumar vai acabando, até ficar com a Entidade a sua vontade de fumar. Laroiê!

TIRAR O VÍCIO DE FUMAR

Para fazer esta simpatia:

* Fumo desfiado
* Um pouco de mel
* Moedas de uso corrente
* Alguidar número 1
* Um maço de cigarros da marca que a pessoa usa
* Um isqueiro
* Uma caixa de fósforos

Arranje fumo "desfiado", um pouco de mel, moedas correntes e arrume num alguidar nº 1 (um) (o menor). Leve também um maço de cigarros dos que você usa, isqueiro e fósforos.

Vá até uma mata e coloque perto de uma árvore bem formosa o alguidar com o fumo e as moedas dentro; cubra de mel, acenda um cigarro dos seus e fume até o final. Coloque o maço com isqueiro e fósforos próximos ao alguidar e peça para Ossa-niyn, o dono das folhas, retirar de você o vício de fumar.

Faça com fé, com muito amor e tente passar sem fumar uns 7 (sete) dias. Sua vontade vai acabar. Eu eu, ássa! ...

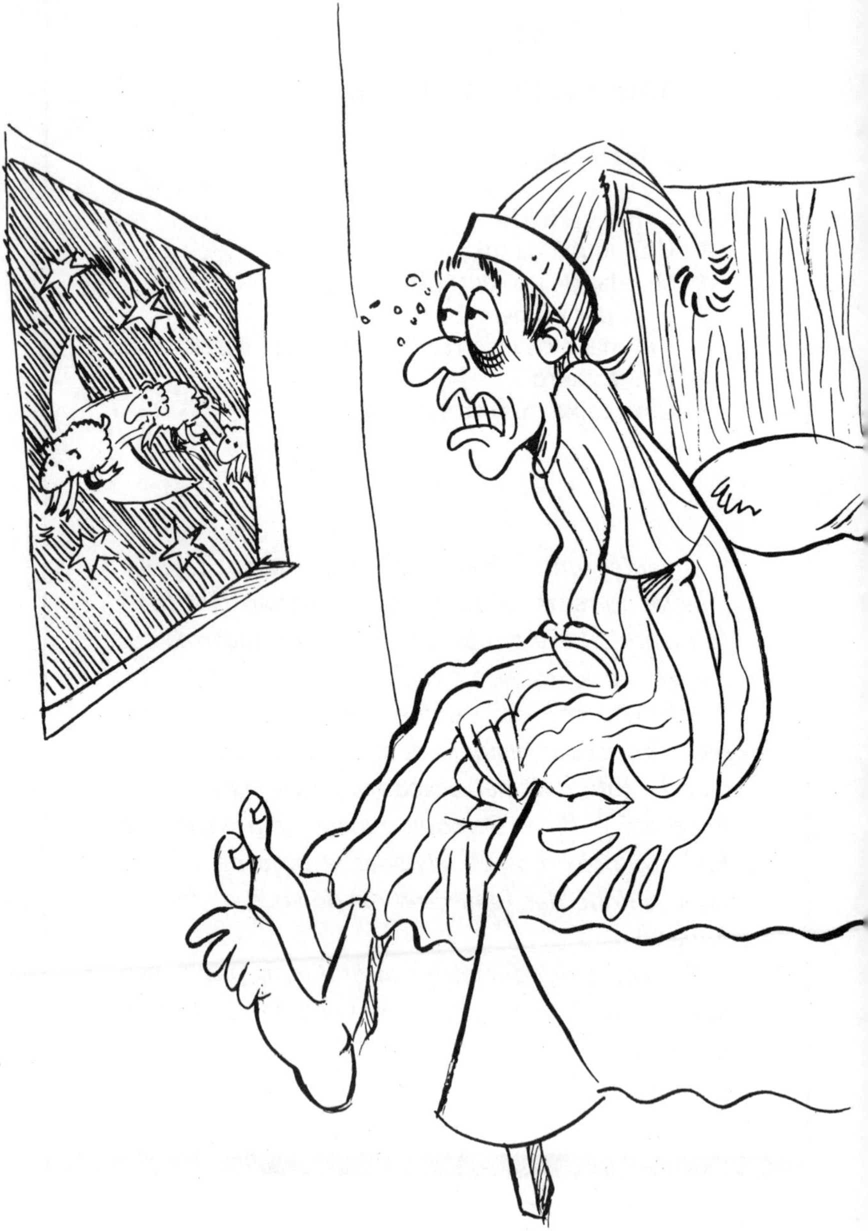

DUAS SIMPATIAS IMANTADAS PARA ACABAR COM A INSÔNIA

Tem gente que deita e não dorme e quando consegue pegar no sono já está na hora de levantar! Por quê? Doença, nervos abalados, problemas financeiros, sei lá! São tantas as causas que podem levar ao estado de insônia, que não caberiam nessas páginas.

Não sou médico, nem psicólogo, simplesmente um interessado no dia-a-dia das pessoas, por isso é que não receito remédios, simplesmente algumas fórmulas espirituais para aliviar o *carma* que cada um carrega consigo.

Para aplicar (fazer) uma simpatia que envolva o Dono das Folhas, é preciso ter muito amor, pois Ossanyin é o Orixá dono de todas as folhas das matas. A que sugiro em segundo plano também tem que ser feita com muito amor e carinho, pois Seu Manuel Boiadeiro é uma das grandes Entidades espirituais e já teve corpo físico na Terra, hoje está nos pés de Olorum olhando por nós.

★ ★ ★

ACABAR COM A INSÔNIA

Materiais necessários para o preparo da simpatia:

* Um ímã em forma de ferradura
* Uma tesoura sem ponta
* Fio de cabelo do supercílio
* Dois grãos de arroz
* Fumo de rolo
* Mel
* Moedas de uso corrente
* Uma vasilha de barro
* Uma vela

Vá a uma casa que vende material de santo e compre um pequeno ímã em forma de ferradura. Com uma tesoura sem ponta, você corta um fio de cabelo dos seus supercílios; arranje dois grãos de arroz cozido e procure colar o fio de cabelo no ímã, usando o arroz.

Arranje fumo de rolo, mel e umas moedas de uso corrente; vá até uma matinha ou um bosque e coloque tudo em uma vasilha de barro, na seguinte ordem: dentro da vasilha o ímã, o fumo e o mel. As moedas você coloca por cima; acenda uma vela e peça para Ossanyin retirar toda sua insônia.

Tome muito cuidado, pois quem faz esta simpatia acaba nos braços de Morfeu, o Deus do sono! DURMA BEM!

ACABAR COM A INSÔNIA

Separar os componentes conforme a relação:

* Um chifre de boi
* Ponteiro de ferro
* Palha da costa
* Pedrinhas polidas

Adquira um pequeno chifre de boi, e com um ponteiro de ferro em brasa faça na boca do chifre vinte e um furos. Arranje palha da costa e faça uma trança bem fina, sempre no sentido da esquerda para a direita e vá enfiando nos furos, no final dê um laço.

Pegue o chifre e amarre-o embaixo de sua cama, no lado que você dorme; no dia que você sentir insônia, procure pensar em uma planície com bastante gado e reze para Seu Manuel Boiadeiro levar a insônia para bem longe, livrando-a da perturbação que está sentindo.

E todas às vezes que você for atendida(a), coloque dentro do chifre uma pedrinha polida. Bons sonhos! SALVE SEU BOIADEIRO!

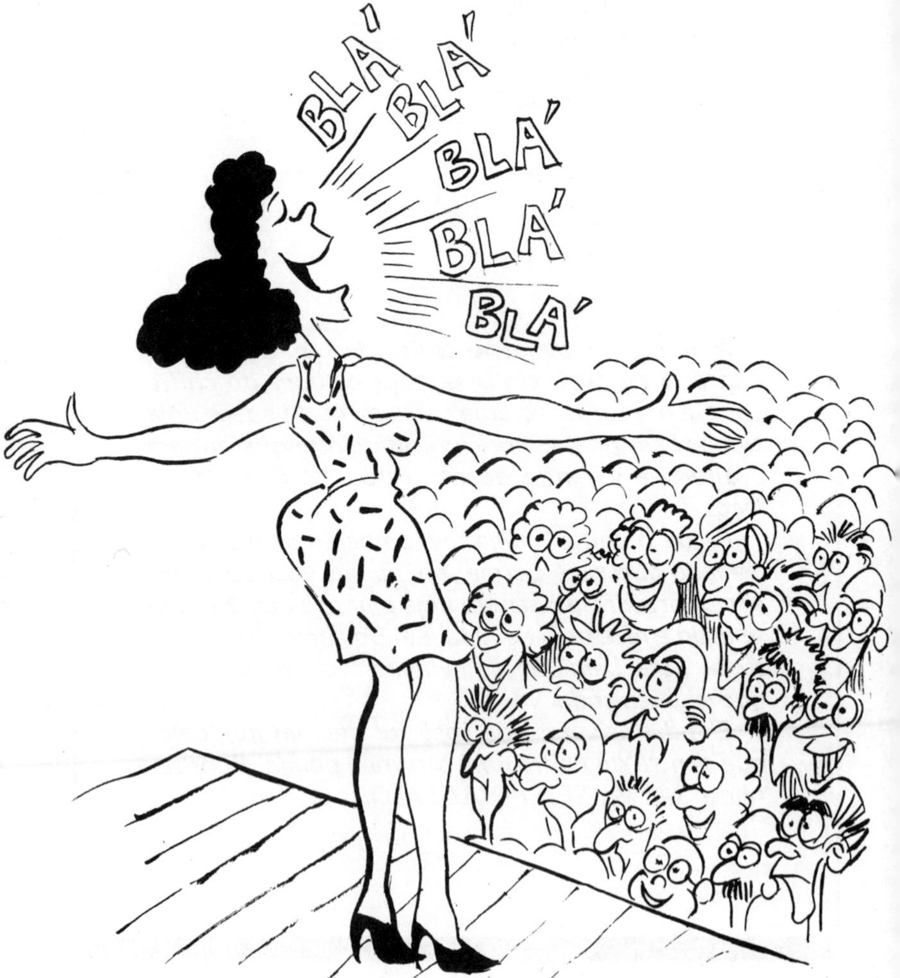
BLÁ
BLÁ
BLÁ
BLÁ
BLÁ

DUAS SIMPATIAS IMANTADAS PARA COMBATER A TIMIDEZ

Timidez. Sei que com os meios de comunicação que existem hoje sempre falando no assunto ainda existem pessoas tímidas. Mas timidez não é doença, é falta de comunicação. Todas as vezes que se fala em timidez, sempre tem alguém que diz: — eu sou muito tímido, mas gostaria de ser um pouco mais desinibido, um pouco mais arrojado.

Certamente as pessoas tímidas são as que mais se envolvem com bebidas e drogas, pense nisso! Estas duas simpatias envolvem *crianças* (espirituais), portanto, use-as com dignidade e respeito. Se você fizer uma destas simpatias não a faça por brincadeira, porque as *crianças* (espirituais) quando brincam estão trabalhando para você, que solicitou sua proteção.

Estas simpatias devem começar, sempre que possível, nos primeiros dias do mês (até o quinto dia). Desejo-lhes sucesso.

★ ★ ★

COMBATER A TIMIDEZ

Esta simpatia, para ser feita, vai precisar de:

* Um seixo retirado de um rio
* Uma tigelinha de louça branca
* Mel de abelha
* Papel de escrever
* Trinta e duas balas de coco

    Arranje um otá (pedra) de rio que tenha sido muito rolado rio abaixo. Compre uma tigelinha de louça branca de uns seis centímetros mais ou menos de boca. Nela coloque o otá e cubra com mel de abelhas. Guarde em local baixo, com o seu nome escrito num papel dentro da tigela. Compre também trinta e duas balas de coco e todos os dias que você sair para o trabalho vá colocando dentro da tigela uma bala. Leve outra com você e dê à primeira criança que encontrar, dizendo:
    "Esta bala é de Cosme e Damião." Se houver recusa por parte da criança, coloque a bala em uma árvore bem frondosa e diga:
    "Esta bala é para Cosme e Damião." Faça isso durante dezesseis dias, no final despache o otá em um rio, junto com a tigela, as dezesseis balas que restaram e o mel. Duvido que a sua timidez resista: vai toda rio abaixo. IBEIJE BEIJADA!

COMBATER A TIMIDEZ

Para esta simpatia apenas:

* Um quilo de balas sortidas

Você deve tomar um ônibus, com destino à sua casa. À primeira senhora que entrar com uma criança no colo, você cede seu lugar. Em seguida, faça à senhora a seguinte pergunta:
"É menina?" Se ela responder afirmativamente, procure puxar assunto, elogiando a menininha sempre. Mas se a resposta for negativa, não toque mais no assunto. Todavia (mentalmente) peça para Cosme e Damião lhe dar forças se ela começar a puxar assunto. Fique calada e vá em frente. Chegando em casa, compre um quilo de balas sortidas e todos os dias quando for para o trabalho, leve com você dezesseis balas e distribua com os seus colegas. Continue fazendo a simpatia até acabarem as balas. Não há timidez que resista. IBEIJE BEIJADA!

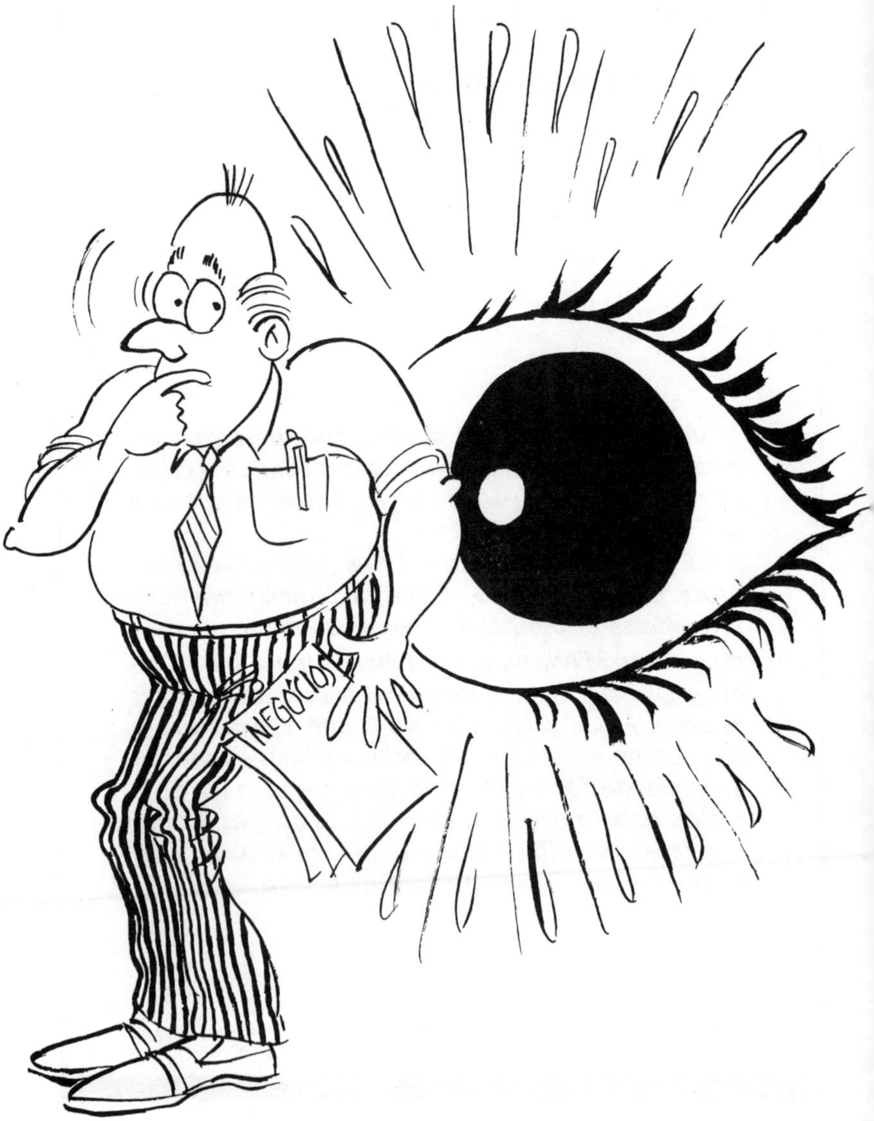
NEGÓCIOS

DUAS SIMPATIAS IMANTADAS PARA EVITAR O MAU-OLHADO

A primeira simpatia leva o olho-de-boi, que você pode encontrar, bem como os demais ingredientes, nas casas especializadas em artigos de *santo,* menos o ouro. Alho e sal são produtos que você tem em casa. Não peça a ninguém para lhe ajudar. Tudo tem que ser feito por você, se possível em noite de lua cheia.

A outra, a da jarrinha, só pode ser feita na segunda-feira, pela manhã. Não tire a água da jarrinha, *complete-a* sempre que substituir a rosa. Se, por acaso, alguém derrubar a jarrinha, mesmo assim, complete a água derramada. Se alguém elogiar, agradeça e cruze os dedos, pois pode ser um(a) invejoso(a) que poderá estar trazendo problemas para você!

★ ★ ★

EVITAR O MAU-OLHADO

Relação dos materiais necessários:

* Um olho-de-boi pequeno
* Duas gotas de azougue
* Objeto de ouro que tenha entrado em contato com a pessoa
* Uma pitada de sal
* Um dente de alho

Arranje: um olho-de-boi pequeno, duas gotas de azougue, um pedaço de ouro que já tenha passado pelo seu corpo, uma pitada de sal e um dente de alho. Com um ferro quente faça um buraco bem no meio do olho-de-boi (tem que vazar de um lado para outro); coloque tudo dentro do olho-de-boi e tape os dois lados com durepox.

Quando você fechar o olho-de-boi, pense em Maria Padilha, fazendo o seguinte pedido:

"Quem me olhar, que seja com bons olhos, e que floreçam sempre as rosas do meu jardim."

Dê uma rosa vermelha para ela!. . . e bons fluidos.

Obs.: Carregue-o sempre com você. LARÔ IÊ!

EVITAR O MAU-OLHADO

Componentes para a simpatia:

* Uma jarrinha de cristal
* Um pouco de areia lavada
* Um búzio pequeno

Se você é secretária ou ocupa um cargo de confiança, esta simpatia serve para você. (Só tem validade em local de trabalho).

Arranje uma jarrinha de cristal branco, destas compridinhas; coloque no fundo dela um pouco de areia lavada e um búzio pequeno, fechado.

Habitue-se a colocar todas as segundas-feiras uma rosa vermelha na jarrinha e ofereça a Oyá Iansã, mesmo que você seja de outro Santo. Pode confiar, não haverá mais os famosos olhos-grandes em cima de você, e seja feliz. SUCESSO!

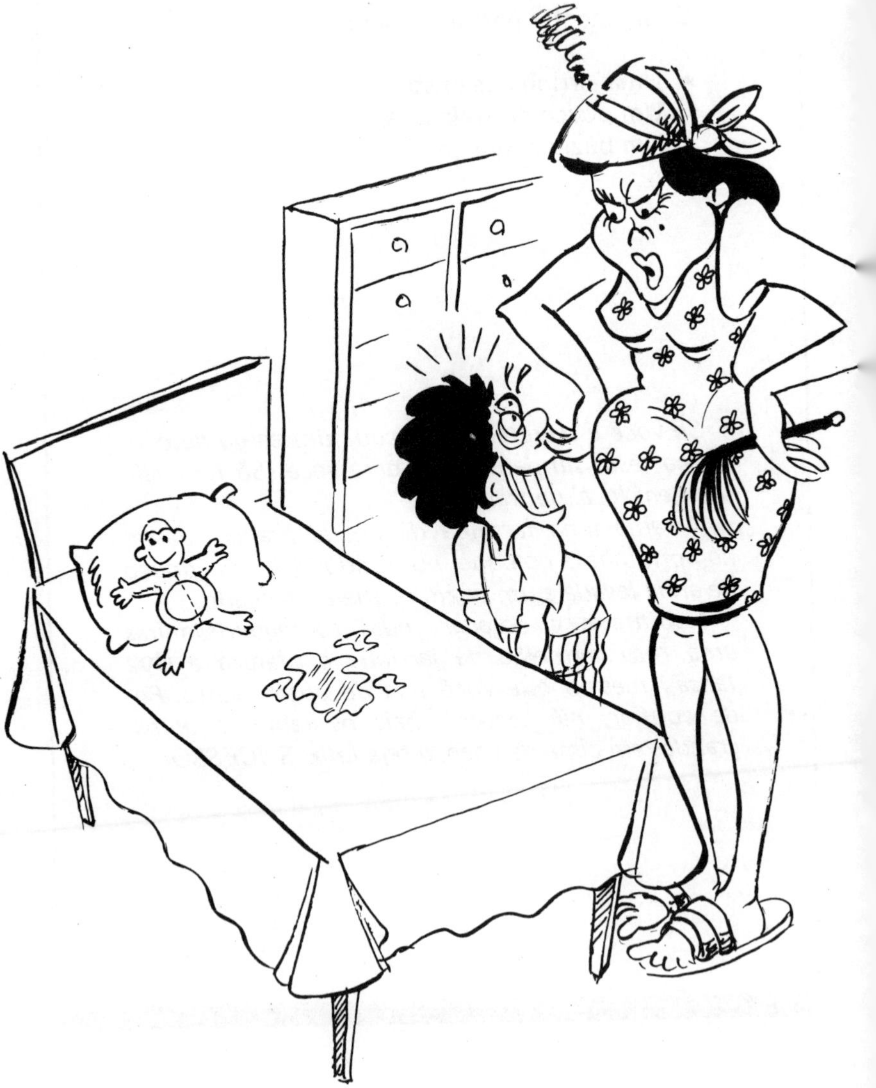

DUAS SIMPATIAS IMANTADAS PARA NÃO FAZER XIXI NA CAMA

Acho que toda a mãe já passou ou passa por este problema. Você já entrou em uma casa onde haja crianças pequenas? Acho que sim. Procure ir até o quarto onde elas dormem e veja como o cheiro é diferente. Quanto dinheiro já terá sido gasto com médicos, lençóis, travesseiros, cobertores e colchões estragados com o excesso de xixi? Isto poderá ser evitado, aplicando uma dessas duas simpatias.

Atente-se para um detalhe: simpatias que envolvam crianças, têm que ser feitas com muito amor, pois das *crianças* (espirituais) não se pode esconder nada, elas acabam achando. Dia das *crianças* (espirituais) é sempre o domingo, portanto, se você for aplicar uma dessas simpatias, faça-as no dia delas, o resultado será bem melhor.

★ ★ ★

NÃO FAZER XIXI NA CAMA

Listagem dos elementos necessários:

* Uma ferradura velha e enferrujada
* Um alguidar pequeno
* Trezentos gramas de balas sortidas

Arranje uma ferradura velha e enferrujada, um alguidar dos menores, coloque a ferradura em cima do fogo até ficar em brasa, quando bem vermelha, retire-a com um arame em forma de gancho e coloque-a dentro do alguidar. Peça para a criança fazer xixi em cima da ferradura quente; faça isso à noite, bem na hora da criança dormir. Repita a operação durante sete dias.

Depois compre trezentos gramas de balas sortidas e coloque em cima da farradura. Leve o alguidar até uma praça, onde aos domingos muitas crianças brincam e peça para Erê Vunge retirar o mau hábito de sua criança. Faça a seguinte promessa:

"Se a minha criança (dizer o nome) parar de fazer xixi na cama, lhe trarei o dobro das balas."
Agora, cumpra a promessa, pois com Criança não se brinca; elas é que brincam com a gente! ERÊ MY!

NÃO FAZER XIXI NA CAMA

Para esta simpatia providenciar:

* ★ Um galo garnizé
* ★ Meio quilo de quiabo
* ★ Um copo pequeno
* ★ Um prato velho

Compre um galo garnizé, sacrifique-o como se fosse para alimentação, arranje meio quilo de quiabo e prepare um bom guizado.

Faça com que a criança antes de dormir encha um copo pequeno de xixi, coloque o guisado em um prato velho e leve com o copo de xixi a uma praça após 22:00 horas. Guarde com você a crista do galo e faça um pedido para que Erê Vunge retire o mau hábito de sua criança.

Durante sete dias, peça para a criança fazer xixi em um outro copo e com este xixi você vai lavar a crista do galo, reformulando sempre o pedido. Após os sete dias leve e deixe a crista na mesma praça. E duvido que a criança não pare de fazer xixi na cama! ERÊ MY!

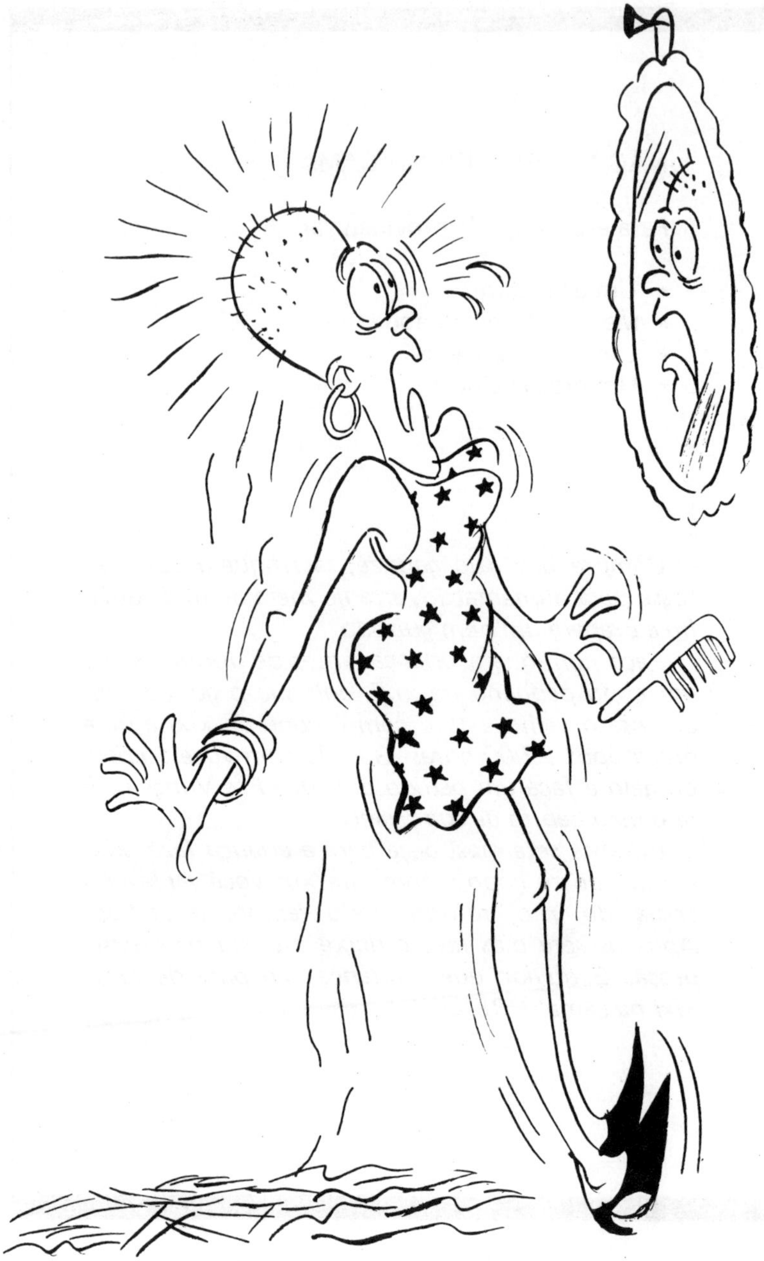

DUAS SIMPATIAS IMANTADAS PARA EVITAR QUEDA DE CABELOS

Um dos grandes males do ser humano é a queda de cabelos. Dizem os grandes cabeleireiros que é um mal sem cura, do que discordo categoricamente. Não vou dizer que, aplicando estas simpatias, vão nascer mais cabelos em você, simplesmente vai evitar que eles continuem caindo.

A primeira simpatia deve ser feita somente por mulheres, não deve ser feita por homens.

A segunda, pode ser aplicada pelos dois sexos, sem distinção de cor, credo ou religião, porque é mais um tratamento que uma simpatia propriamente dita.

★ ★ ★

EVITAR QUEDA DE CABELOS

Materiais para a simpatia:

* Sete fios de cabelo de quem faz a simpatia
* Um retrós na cor do cabelo
* Um lenço de cabeça, usado
* Seis maços de velas

Em noite de lua cheia (se não estiver chovendo) arrebente sem cortar sete fios do seu cabelo. Arranje um retrós de linha preta (ou na cor do seu cabelo), desfaça o retrós todo, procure embaraçar bem e misture com o seu cabelo.

Arranje um lenço de cabeça bem usado e em uma das pontas você vai fazer uma trouxinha com a linha e os cabelos. Guarde com você durante cinco dias, depois despache na cachoeira e peça para Mamãe Oxum não deixar os seus cabelos caírem mais. Se você for atendido(a) compre seis maços de velas e leve a uma Casa de Cultos, não importando a seita, e diga que é um presente seu. SUCESSOS!

EVITAR QUEDA DE CABELOS

Providenciar o que vai ser preciso:

* Sabão da costa ou sabão neutro
* Três folhas de babosa
* Cinqüenta miligramas de mel puro
* Cento e cinqüenta gotas de própolis
* Dois litros de água

Em noite de lua cheia você vai lavar bem os cabelos com água corrente e sabão neutro (sabão de bebê) ou, se possível, sabão da costa.
Tenha em mãos três folhas de babosa, 50 ml de mel puro, 150 gotas de própolis natural e dois litros de água filtrada. Macerar tudo com as mãos, colocar para ferver durante dez minutos, após esfriar faça massagens com o líquido no couro cabeludo. Duas horas depois volte a lavar os cabelos, sem esfregá-los. Não usar secador e muito menos modelador.
Repetir a receita mais duas vezes, sempre em noite de lua cheia. OKÊ CABOCLO!

Obs.: Esta simpatia me foi passada por um Caboclo de Umbanda, chamado Branca Lua.

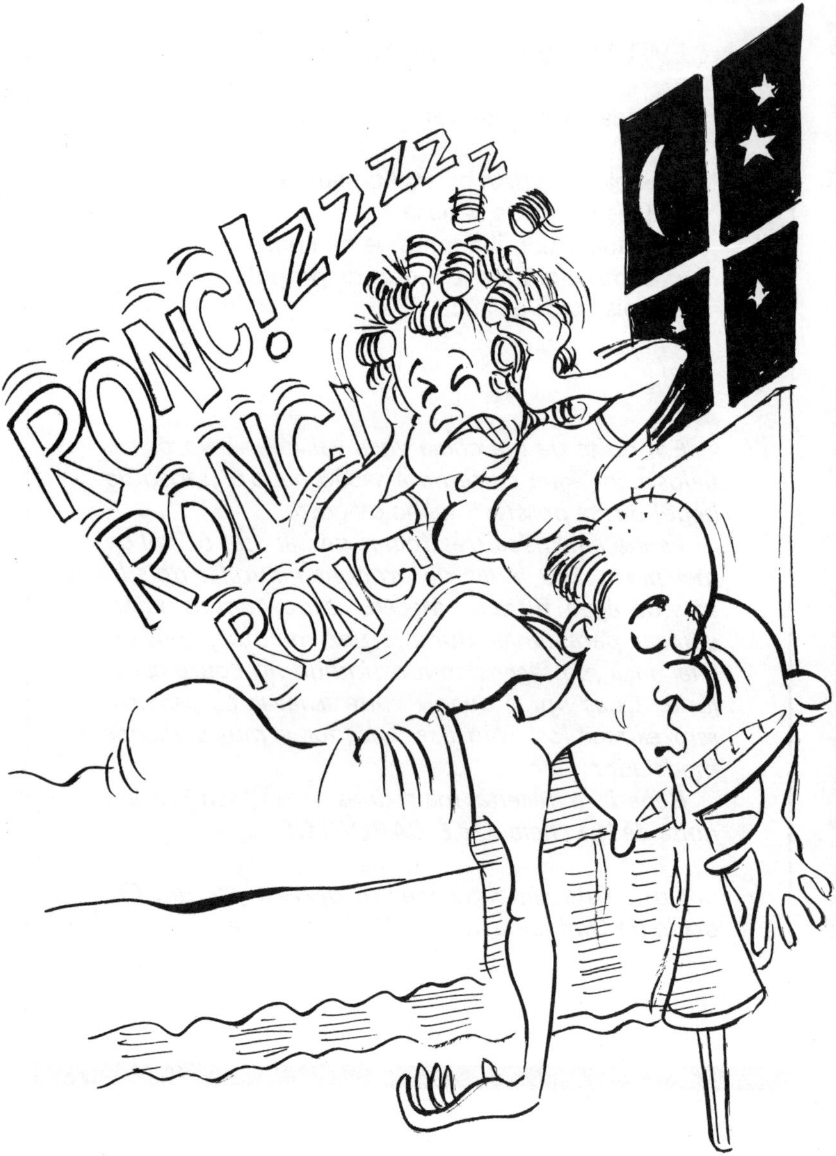
RONC!zzzzz
RONC!
RONC!

DUAS SIMPATIAS IMANTADAS PARA ACABAR COM RONCOS NOTURNOS

Você já imaginou o que é tentar dormir com alguém roncando ao seu lado? Posso imaginar como deve ser ruim! Mas, isto é fácil de contornar, aplique uma das duas simpatias e você verá que esse "pesadelo" vai acabar.

A primeira simpatia deve ser feita em noite de quarta-feira. Se o "roncador" sentir que você está fazendo simpatia para ele parar, negue categoricamente, despache tudo em uma pedreira e procure um médico, pois o assunto pode ser clínico.

A segunda é aconselhável fazer somente por pessoas que sejam religiosas, se possível umbandistas, pois estes dois Santos são muito conhecidos da gente de Umbanda. Mesmo que este não seja o seu caso, você pode fazer, mas tome uns conselhos com pessoas freqüentadoras de Centros de Umbanda.

★ ★ ★

ACABAR COM RONCOS NOTURNOS

Na composição desta simpatia entram:

* Dezesseis pedrinhas
* Um copo
* Cerveja preta
* Um maço de velas brancas

Vá até uma localidade que tenha pedras (tipo brita nº 1), apanhe dezesseis pedrinhas, coloque-as em um copo grande e encha com cerveja preta (tipo Maltzbier). Esconda bem em sua casa o copo. Quando a pessoa que ronca começar a incomodar, você pega o tal copo com as pedras e a cerveja e coloca debaixo da cama na direção do travesseiro. Feito isso, faça um pedido (diga) para o dono da pedreira:

"Rei do Trovão, retire esse incômodo de mim!"

Se você for atendida, compre mais uma garrafa de cerveja, leve até uma pedreira e quebre, acendendo em seguida um maço de velas brancas para Xangô, o Rei do Trovão. DESEJO-LHE SUCESSO!

ACABAR COM RONCOS NOTURNOS

Para esta simpatia apenas:

* Um maço de velas

Quando a pessoa que ronca começar a dormir, você (o incomodado) vai até a janela de frente da casa e a escancara. Se a pessoa não acordar, reze para São Marcos e São Manso, peça que levem com eles aqueles roncos. Sendo atendida, você na noite da segunda-feira seguinte vai até a porta de um cemitério (Campo Santo) e acende um maço de velas nº 06, para as Santas Almas Benditas. Reza em seguida um Pai-Nosso e sete Ave-Marias para São Marcos e São Manso, agradecendo a graça alcançada e pedindo para não mais voltar aquela coisa que tanto lhe incomoda. DESEJO-LHE SUCESSO!

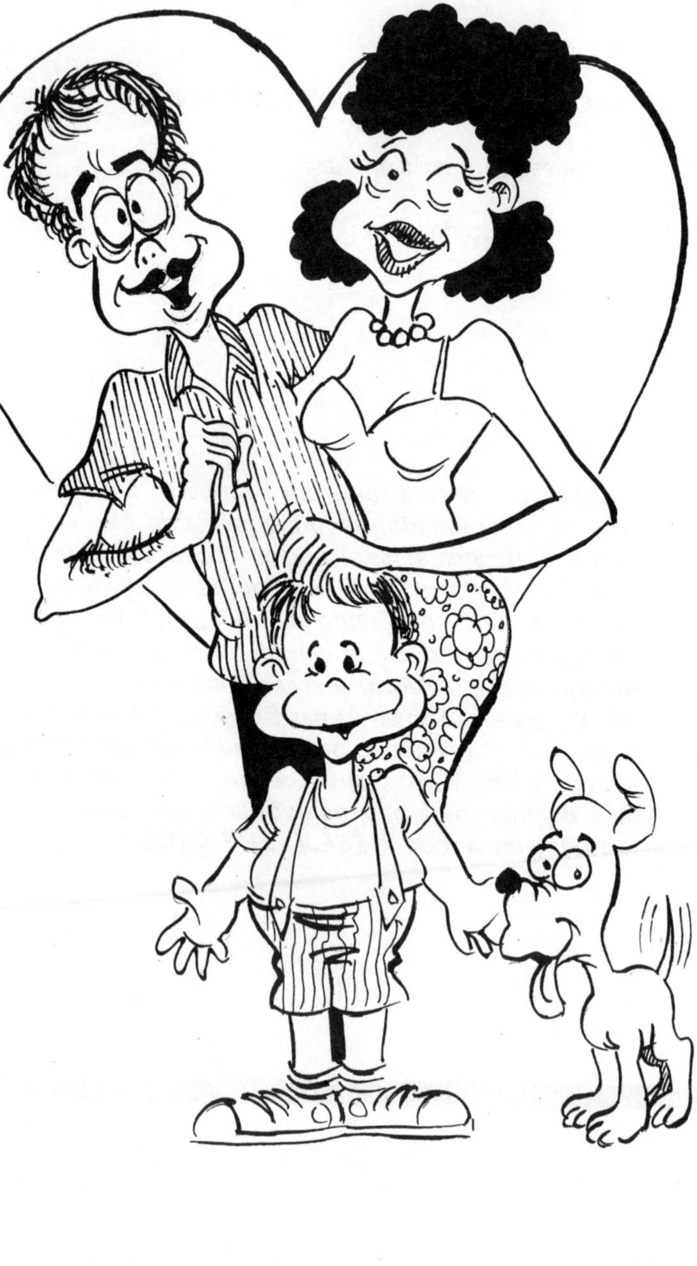

DUAS SIMPATIAS IMANTADAS PARA CONSEGUIR UM LAR FELIZ

Segundo a tradição dos cultos afros praticados no Brasil, sexta-feira é dia de repouso para os trabalhos espirituais, dia de guarda, por ser dia de um Orixá muito puro. Sempre que há festa em qualquer Casa de Cultos ele é o último a ser saudado. Quando se canta para Oxalá, está na hora de encerrar tudo.

Se você tem um lar em discórdia, tente fazer uma destas duas simpatias, e garanto que vai se sentir bem melhor, e todos os de sua casa.

Tente executar estas duas simpatias sempre às sexta-feiras à noite. Procure não fazer sexo nessa noite, evite discutir com pessoas no interior de sua casa e use branco (pelo menos as roupas íntimas).

Se você tem alguma dúvida em como proceder, procure uma Casa de Cultos de origem africana (ketu, angola, jêje ou nagô) e peça para o Zelador de Orixá para lhe dar orientação. Quem sabe ele poderá lhe ajudar?

★ ★ ★

CONSEGUIR UM LAR FELIZ

O que entra na composição desta simpatia:

* Canjica de milho branco
* Uma tigela branca
* Folhas de algodão ou boldo
* Sal
* Mel
* Vinho branco

Faça uma boa tigela de canjica com milho branco. A água da primeira fervura (cinco minutos mais ou menos) você retira e bota em uma vasilha à parte. Volte a cozinhar o milho em outra água; depois escorra a última água fora. Coloque o milho cozido em uma tigela branca e cubra com folhas de algodão ou boldo. Tempere tudo com uma pitada de sal e adicione água. Agora é só colocar mel e vinho branco.

Faça isto numa sexta-feira e deixe repousar em sua casa, em local iluminado, até o domingo. Pela manhã, você pega a água que ficou guardada na vasilha (a da primeira fervura) e toma um banho de descarrego. Pegue o milho (a canjica) e jogue em cima de sua casa, pedindo sempre para Oxalá apiedar-se de você e seja feliz! ÊPA BABÁ!

CONSEGUIR UM LAR FELIZ

Para preparar esta simpatia providenciar:

* ★ Miolo de maçã verde
* ★ Sete beijos brancos
* ★ Uma rosa branca
* ★ Uma colher de mel
* ★ Uma fita branca

    Retire o miolo de uma maçã verde, colocar dentro sete beijos brancos, uma rosa também branca e uma colher de mel.
    Colocado tudo no interior da fruta, amarre-a com uma laço de fita branca. Faça um buraco na raiz de uma roseira também branca e enterre tudo. Pedir para Oxalá:
    "Senhor, assim como a roseira é branca, faça com que o meu lar se clareie." Faça isso numa sexta-feira, após o meio-dia. Repetir mais seis vezes, com o passar das semanas você vai percebendo o quanto a sua vida familiar terá mudado, e seja feliz. ÊPA BABÁ!

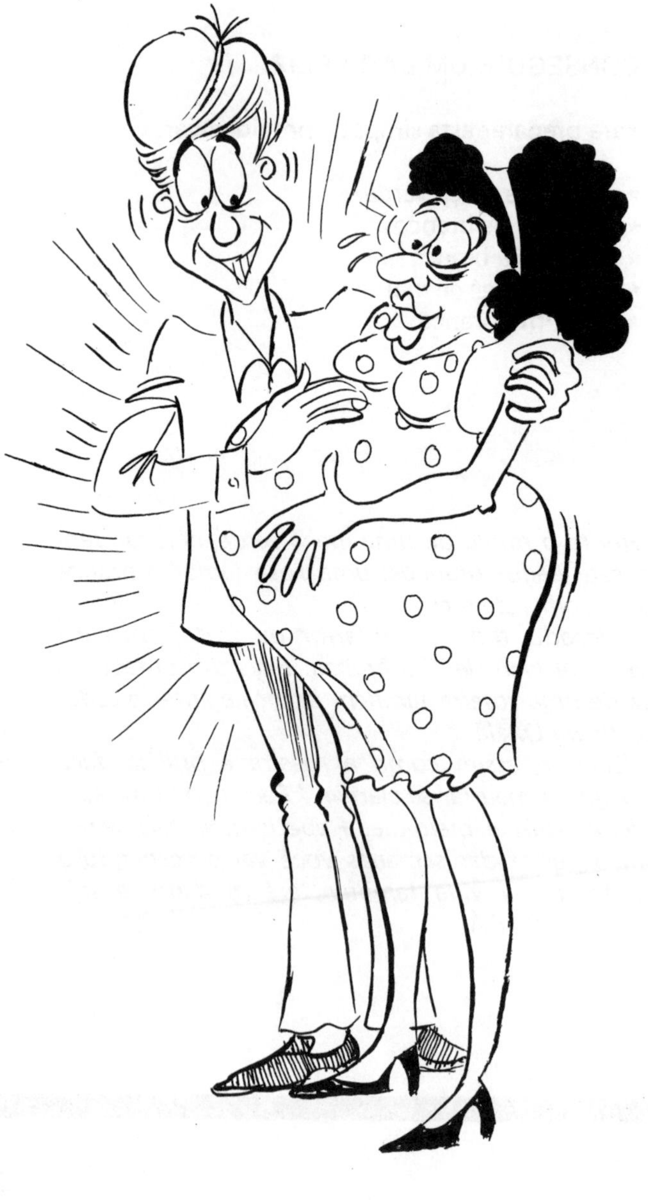

DUAS SIMPATIAS IMANTADAS PARA ENGRAVIDAR

Se você já visitou médicos, fez todos os exames necessários e até hoje não engravidou — tenho certeza! — seu caso é psicológico!... mas se o psicólogo também não deu jeito, você pode pedir auxílio às forças espirituais.

Escolha uma dessas simpatias e faça tudo com muito amor, pensando sempre na boas coisas que uma criança poderá lhe proporcionar.

São duas simpatias, não faça as duas, escolha uma e proceda como recomendo; se com você der certo, recomende às amigas, seja qual for a escolhida. O melhor dia para fazer estas simpatias é no domingo, à noite.

★ ★ ★

PARA ENGRAVIDAR

Rol dos materiais para fazer a simpatia:

* Meio quilo de balas sortidas
* Uma chupeta azul
* Trinta centímetros de fita cor-de-rosa

Compre meio quilo de balas sortidas, uma chupeta de cor azul e trinta centímetros de fita cor-de-rosa. Faça um laço na chupeta e coloque-a em cima das balas.
Leve a uma praça bem movimentada, onde as mães costumam ir à tarde com suas crianças.
Ofereça para Erê Vunge as balas com a chupeta e a fita, dizendo:
"Se conseguir o meu desejo, no próximo 27 de setembro irei distribuir no meu bairro 10 quilos de balas para que todas as crianças possam se deliciar."
Faça com amor, desprendida de preconceitos e medo; não tenha vergonha, porque um dia suas crianças também poderão estar correndo atrás de balas. BONS FILHOS!

PARA ENGRAVIDAR

Faz-se esta simpatia com os seguintes elementos:

* Um manjar
* Uma chupeta usada
* Uma fralda usada
* Papel para escrever

Para senhoras casadas que têm problemas para engravidar ou, quando engravidam, tenham facilidade de abortar.
Faça um manjar como se fosse para servir como sobremesa, coloque todos os ingredientes necessários. Como todo manjar bem feito tem um furo no meio, você vai colocar ali dentro uma chupeta usada e um pedido seu, por escrito, dirigido à Iemanjá. Deixe-o em repouso por 24 horas, em cima de uma fralda virgem. Após esse período, você vai até uma praia (se na sua região não tiver praia, serve um rio ou mesmo um córrego) e solta a oferenda, repetindo o pedido verbalmente.
A Mãe D'água garante que em breve você terá lindos filhos. Faça com amor e fé, pois só assim esta simpatia terá os efeitos desejados por você. E SEJA FELIZ!

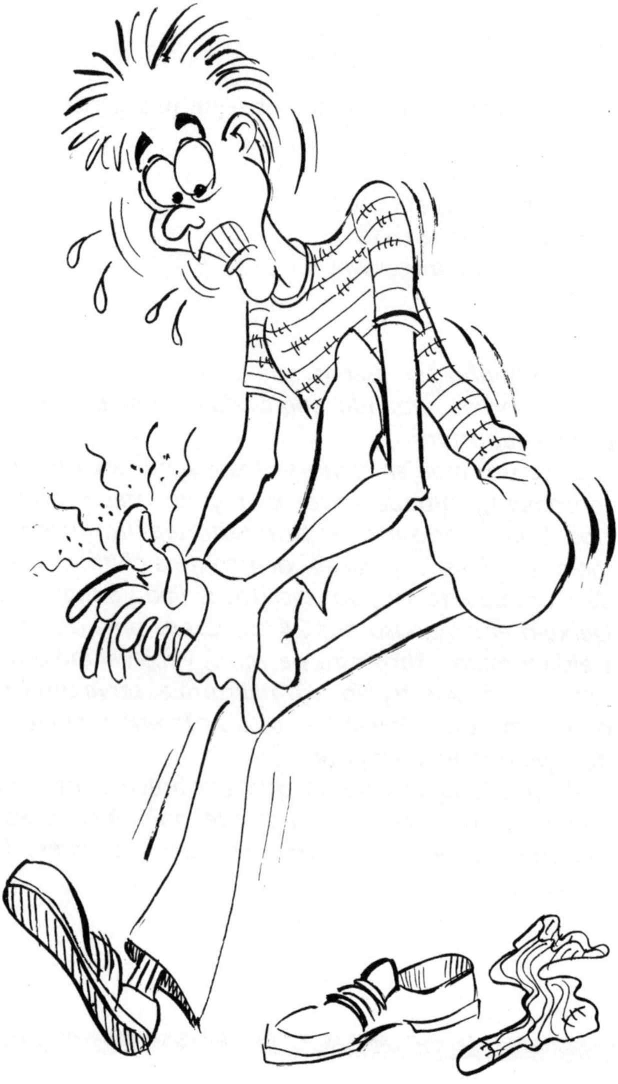

DUAS SIMPATIAS IMANTADAS PARA CURAR FRIEIRA NOS PÉS

Usando estas duas simpatias, com fé, você obterá os resultados desejados muito mais rápido que possa imaginar. Todas as vezes que precisamos de uma Entidade espiritual para fazer uma simpatia, invocamos elementos da própria natureza, portanto, se você for atendido(a), vá até uma pastagem bem verde e acenda 21 velas para Seu Tião Boiadeiro, em forma de agradecimento.

Todas às vezes que você encontrar alguém com o mesmo problema recomende as simpatias, mas tenha o cuidado de recomendar também as obrigações prescritas, se a pessoa ficar boa.

★ ★ ★

CURAR FRIEIRA NOS PÉS

Separar estes ingredientes:

* Duas limas (fruta)
* Um limão galego
* Água da fervura de feijão preto
* Vinte gotas de xixi de criança
* Um pouco de maizena
* Uma meia usada
* Folha de jornal

Arranje duas limas (fruta), um limão galego, água da primeira fervura de feijão preto, umas vinte gotas de xixi de criança menor de sete anos e mais um pouco de maizena.

Amasse tudo sem descascar as frutas. Faça uma pasta consistente e coloque entre os dedos na hora de dormir. Use uma meia velha para não soltar. De manhã, quando levantar, tire com a meia e tudo, embrulhe num jornal e guarde por vinte e quatro horas. Depois, vá até um curral de boi e enterre tudo bem fundo (se possível, vá descalço). Peça para Seu Tião Boiadeiro que retire este mal de você.

Você tem que repetir o trabalho três vezes seguidas. Se não houver melhora, procure então um dermatologista. JÊ TUÁ, MAJEDO!

CURAR FRIEIRA NOS PÉS

No preparo da simpatia entram:

* Três pedaços de casca de jequitibá
* Três pedaços de carvão mineral
* Um pedaço de carvão coque
* Um tomate verde
* Um vidro de óleo de rícino

Compre em qualquer casa especializada em ervas três cascas de jequitibá, três pedaços de carvão mineral, um pedaço de carvão coque, um tomate verde e um vidro de óleo de rícino.

Ferva tudo em um litro de água, até que o líquido se reduza a metade; coe tudo em morim branco. No líquido você vai deixar os pés de molho durante dez minutos. Pegue a água e a sobra dos materiais usados e coloque em um curral de boi. Repetir três vezes e pronto. Seu Manuel Boiadeiro garante que sua frieira vai embora rapidinho. JÊ TUÁ, MAJEDO!

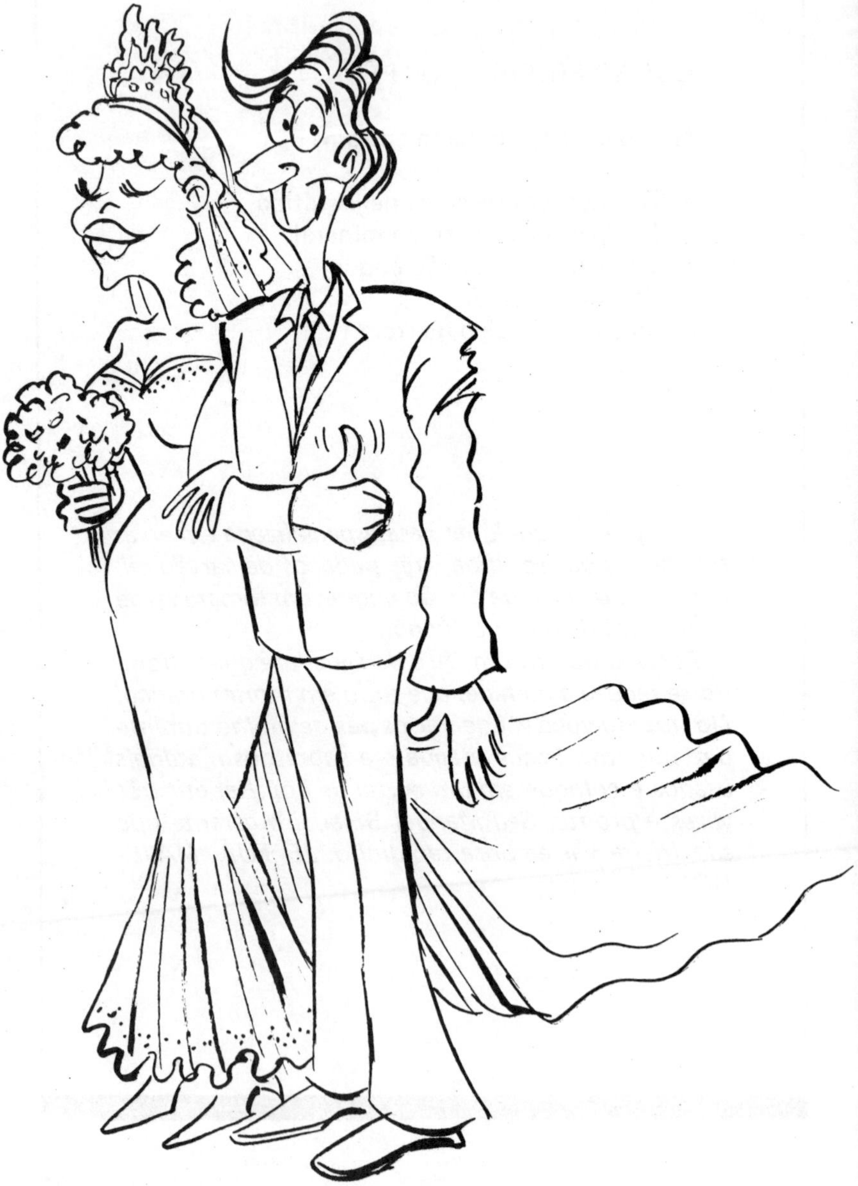

DUAS SIMPATIAS IMANTADAS PARA CONSEGUIR BOM CASAMENTO

Se nunca foi fácil, imagine-se nos dias de hoje conseguir um bom casamento. Pois eu garanto que esta simpatia do Buquê de Flores é *um arraso!*

Se, no entanto, não for esta a sua finalidade, ache, pelo menos, alguém "interessante" para manter um relacionamento amoroso, porém responsável.

Para satisfazer o desejo que você tenha em mente, indico outra simpatia de grande eficiência e muito simples de fazer. Esta tem como principal ingrediente o *pão de trigo.* De efeito positivo, trata-se de uma simpatia imantada na força vibratória do Sr. Ogum. Persista, faça a primeira ou a outra simpatia, com a firme decisão de alcançar o que você realmente deseja. Siga em frente e muito Boa Sorte.

★ ★ ★

CONSEGUIR BOM CASAMENTO

Recomendo providenciar:

* Um buquê de flores de laranjeira
* Uma gravata ainda não usada
* Uma imagem de Santo Antônio (de antimônio ou chumbo)
* Papel de presente

    Mande fazer um buquê de flores de laranjeira, ou faça você mesmo. Amarre o buquê a uma gravata prateada que nunca tenha sido usada. Amarre um Santo Antônio de antimônio ou chumbo e coloque dentro do buquê.
    Em dia de missa na sua localidade leve-o consigo embrulhado em papel de presente, coloque-o do lado e na hora que o padre consagrar a Hóstia e todos estiverem rezando você sai de fininho deixando o embrulho na igreja, sem olhar para trás! Se alguém lhe chamar não dê atenção, siga sempre em frente.
    Tenho certeza que irá chover pretendentes. SUCESSO!

CONSEGUIR BOM CASAMENTO

O que entra na feitura desta simpatia:

* Fitas nas cores da roupa da pessoa visada
* Uma bisnaga de pão

Procure passar onde ele(a) passa para ir trabalhar ou estudar, durante sete dias seguidos. Se durante este período você cruzar com a pessoa, procure verificar a cor da sua roupa.

Vá a um armarinho e compre fitas nas cores que você viu na roupa dele(a) (30 cm de cada), compre um pão do tipo bisnaga e amarre as fitas com o primeiro nome da pessoa, escrito na direção da cabeça para os pés, deixe passar sete dias guardados com suas roupas íntimas.

Depois molhe pedaços do pão em leite, e dê para um cão ou cadela comer. Sr. Ogum garante que você terá um cãozinho de guarda em seu redor, ou uma cadela!

Obs.: Guarde as fitas com você enquanto a pessoa estiver a seu lado... e BOA SORTE!

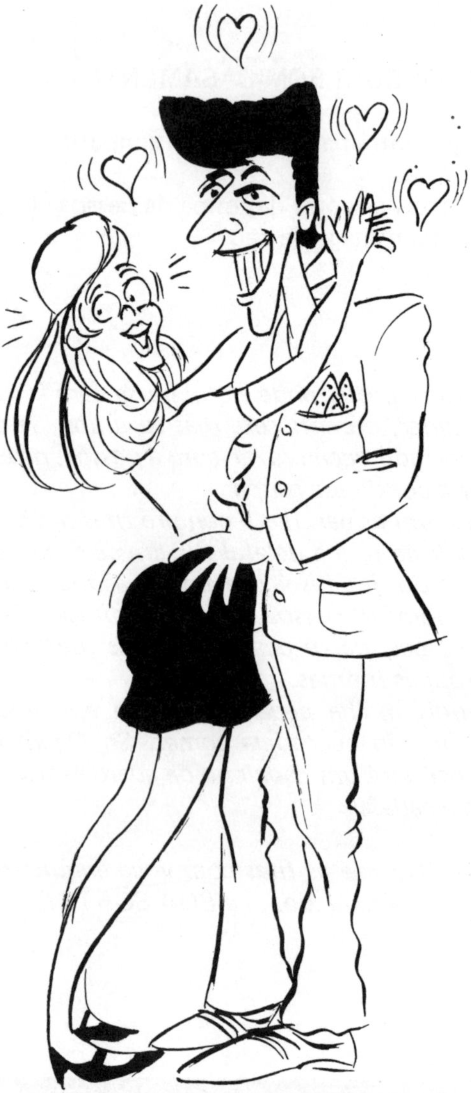

DUAS SIMPATIAS IMANTADAS PARA SEGURAR A PESSOA AMADA

Quantas pessoas me consultam dizendo que o(a) companheiro(a) está indo embora... não são poucos os trabalhos que fazemos para um lar feliz. Hoje com as tormentas do dia-a-dia, a falta de dinheiro, as separações se dão em número cada vez maior, a gente chega a ficar abismado, assustado até.

Com uma dessas simpatias você vai segurar do seu lado aquela pessoa de quem realmente gosta, mas pense bem se a recíproca é verdadeira, se ela também gosta de você, ou se o amor está acabando por força de um "feitiço", uma "mandinga" qualquer. Aí, eu aconselho a aplicar uma dessas simpatias, e faça com bastante força, fé e muita energia.

★ ★ ★

SEGURAR A PESSOA AMADA

Para esta simpatia vai ser preciso:

* Rapas de chifre de veado
* Um ímã redondo
* Uma cuia (coité)
* Um pouco de mel
* Vinho branco
* Papel de pão
* Uma vela pequena

Raspa de chifre de veado, um ímã redondo, uma coité pequena, um pouco de mel e vinho branco.

Coloque o nome de quem você gosta escrito em um papel de pão; escreva o seu nome por cima do dele(a), formando uma cruz e coloque no fundo da coité; ponha o ímã em cima, semeie a raspa de veado e cubra com mel; coloque também um pouco de vinho.

Se você mora em apartamento, coloque embaixo do tanque de lavar roupa por uma semana. Se der formiga, não importe, mas se você mora em casa, coloque também debaixo do tanque, mas do lado de fora, no quintal, acenda uma vela pequena somente no dia que você fizer esta simpatia.

Ofereça esta imantação para Dona Maria Cigana e boa sorte.

Obs.: Se você obtiver bons resultados, espere passar um mês mais ou menos e acenda mais um maço de velas para quem você ofereceu a imantação. SUCESSOS!

SEGURAR A PESSOA AMADA

Componentes para o preparo da simpatia:

* Um acarajé
* Botão de rosa desabrochando
* Guardanapo de papel

Você passa em frente a uma baiana, destas que vendem acarajé; peça para ela fritar um duplo, não deixe que ela o abra, embrulhe-o bem e leve para casa.

Arranje uma rosa vermelha em forma de botão desabrochando, retire os espinhos na altura da flor até uns oito centímetros mais ou menos.

Escreva o nome da pessoa que você ama em um papel degradável (seda ou guardanapo) e coloque enrolado no talo, próximo da flor.

Penetre no acarajé o talo da rosa até que o nome da pessoa amada fique dentro do quitute. Com uma tesoura você apara o excesso do talo. Vá até uma praia, conte sete ondas e arremesse-o ao mar, fazendo o pedido para Iansã.

Esta poderosa Iabá garante que você terá sempre por perto um verdadeiro cordeirinho.

Obs.: Se na sua região não tiver mar, serve um rio encachoeirado. SUCESSO!

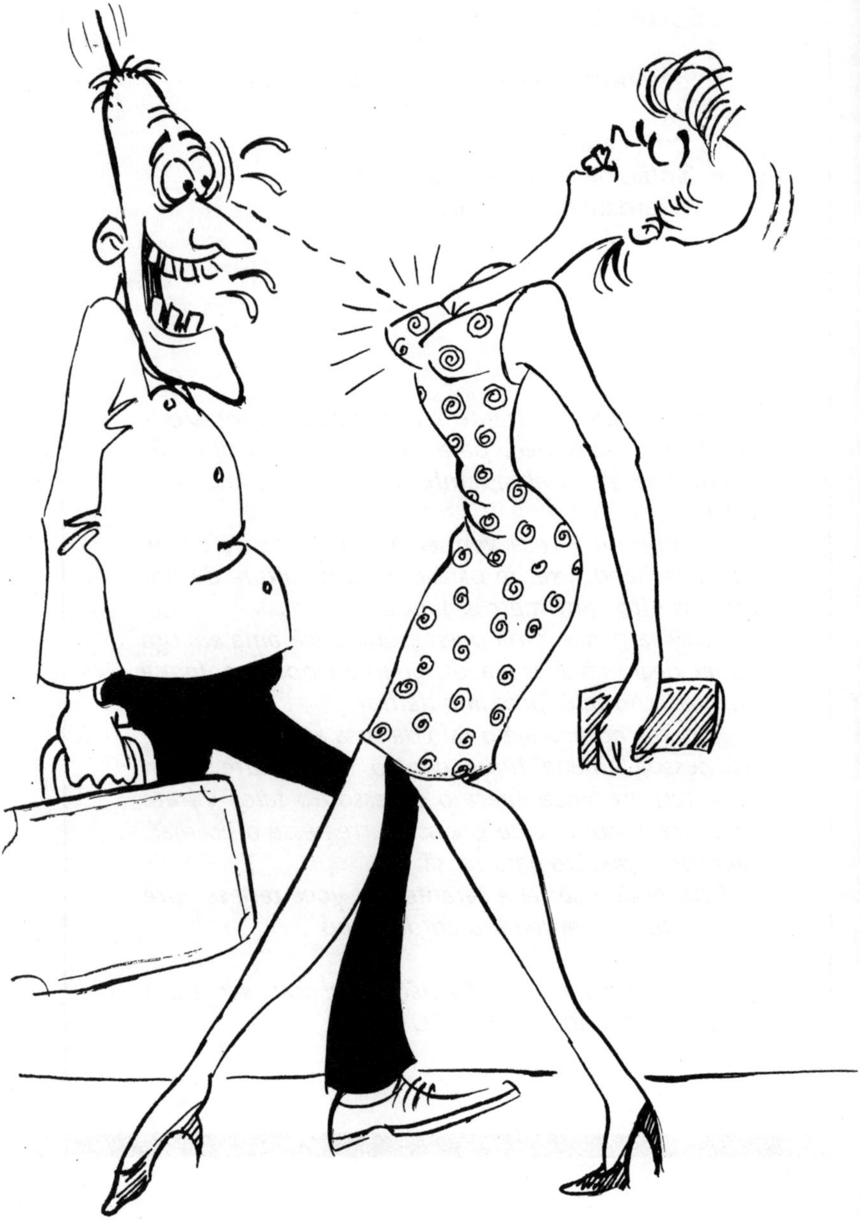

DUAS SIMPATIAS IMANTADAS PARA OBTER SEIOS MENORES E RÍGIDOS

Uma das coisas mais bonitas numa mulher são, sem dúvida, os seios: você já notou aquilo que os homens mais cobiçam, mais olham? Os seios, evidentemente. Hoje a mulher tem outro padrão de beleza, os seios não podem ser muito grandes e nem caídos. Tenho várias amigas que reclamam de seus seios: umas dizem, são muito grandes, outras me dizem, são caídos. A não ser uma correção plástica com um bom cirurgião, recomendo uma dessas duas simpatias que abaixo transcrevo. Veja seu caso e faça com amor, muita vontade, que tudo vai dar certo. Sucessos!

★ ★ ★

SEIOS MENORES E RÍGIDOS

Materiais para preparar a simpatia:

* Gamela pequena e redonda
* Água de cachoeira
* Dois ovos de codorna
* Colher de pau
* Sutiã de menina-moça

Arranje uma gamela pequena que seja redonda, pegue água de cachoeira e dois ovinhos de codorna. Quebre os ovos na gamela e coloque um pouco d'água em cima; arranje uma colher de pau para mexer e com ela você vai passando nos seios, de baixo para cima. Fazer esta simpatia durante sete sextas-feiras e, no último dia, jogar a colher de pau fora e guardar a gamela depois de bem lavada e embrulhada junto com um sutiã de menina-moça, comprado especialmente para este fim.

Peça para Mamãe Oxum, a dona da meiguice e carinho, que lhe dê uma boa forma. Tenho certeza que em breve você será invejada por todos. DESEJO-LHE SUCESSO!

SEIOS MENORES E RÍGIDOS

No preparo da simpatia entram:

* ★ Uma dúzia de ovos de pata
* ★ Um sutiã velho que não se usa mais
* ★ Alfazema

Compre meia dúzia de ovos de pata ou qualquer ave aquática, cozinhe três, dois dos quais você colocará dentro de um sutiã velho que você não usa mais. Vá perto de uma discoteca bem badalada e deixe-os na porta (não serve forró). O outro ovo cozido você descasca e amassa com um dos três ovos crus restantes. Adicione boa quantidade de alfazema e faça uma pasta que deve ser colocada na geladeira.

Todos os dias, quando você se levantar, faça uma massagem no bico dos seios com a poção preparada, pelo menos durante vinte e um dias. Se você sentir que está fazendo sucesso, pegue os dois ovos crus que restaram e dê de presente para uma menina-moça que more perto de sua casa, sem tecer comentários, pois enquanto os seios dela crescem os seus enrijecem.

Faça com muita fé, pois só assim você consegue o que quer. E FAÇA SUCESSO!

COMIDA DE SANTO
M. H. Farelli/Nilza P. da Silva

As autoras enfeixam vasto receituário de comidinhas e oferendas da cozinha afro-baiana dedicadas aos santos de terreiro. Também como prepará-las e o ritual de servi-las. Apimentados e suculentos pratos cheirando a dendê, para todos os deuses. Comida de Martim Pescador — encantado juremeiro. Oferendas para Janaína. Milho na brasa, com mel, servido depois do assado do sertão. Cuscuz de carimã. Você encontra nas páginas do livro tudo o que a cozinha mística de milênios, trazida da África, em simbiose com a da selva brasileira, tem de mais sugestivo e que continua viva e praticada nos terreiros dos deuses nigerianos, do Catimbó, do Toré, da Pajelança e outros rituais. (80 pp.)

XOROQUÊ, REI DO OURO E DA MAGIA
João S. Castilho

Palavras do autor: "Com o passar dos anos, fui me chegando e desvendando toda a força mágica do poderoso Xoroquê. Hoje, posso dizer que alcancei o *loco* dos orixás. Após cansativos estudos, consegui avançar, compreender e interpretar os mais variados rituais da alta magia; assim sendo, me dispus a escrever este que afirmo ser o primeiro livro especialmente dedicado ao fabuloso Ogum Xoroquê". (88 pp.)

EXU, SENHOR DA VIDA E DA MORTE
Nívio Ramos Sales

Empolgante, assombrosa e trágica vivência de um grupo de pessoas em torno de Mocinha e dos *trabalhos de pai Geru,* para afugentar o *encosto* cão perverso que punha em jogo a vida da jovem. (112 pp.)

Este livro foi impresso em setembro de 2009,
no Armazém das Letras Gráfica e Editora, no Rio de Janeiro.
O papel do miolo é o offset 75g/m2 e o da capa é o cartão 250g/m2.